图解 恋爱心理学

亲密关系与婚恋小百科

速溶综合研究所 韩婧 著

人民邮电出版社

北京

图书在版编目（CIP）数据

图解恋爱心理学 ：亲密关系与婚恋小百科 / 速溶综合研究所，韩婧著. -- 北京 ：人民邮电出版社，2018.8
ISBN 978-7-115-48679-0

Ⅰ. ①图… Ⅱ. ①速… ②韩… Ⅲ. ①恋爱心理学－图解 Ⅳ. ①C913.1-64

中国版本图书馆CIP数据核字(2018)第129930号

内 容 提 要

洞察爱情，发展亲密关系。恋爱中的亲密关系无疑是我们都想要得到的，渴望有自己的恋人，希望恋人和自己一样陷入爱情，期望两人的爱情能够开花结果。那么我们该如何实现这些期望呢？这些问题都能够从本书中找到答案。

本书分为7章，以恋爱时间推移为坐标，分别描写了当代年轻人在恋爱生活中可能会遇到的各种实际场景，从心理学的角度分析问题，给出解决方案。主要内容包括：恋爱也好，孤独也好；发现爱情，揪心犹豫；陷入爱情不知所措；陷入爱情义无反顾；爱情危机，还是转机；收获爱情，幸福共生；奇怪的爱情，复杂的爱情。

本书可以作为读者提升个人恋爱能力的自修参考读物及解决恋爱烦恼的实践指导手册，也适合对心理学感兴趣的读者阅读使用。

◆ 著　　　速溶综合研究所　韩　婧
责任编辑　李士振
责任印制　周昇亮

◆ 人民邮电出版社出版发行　　北京市丰台区成寿寺路 11 号
邮编　100164　　电子邮件　315@ptpress.com.cn
网址　https://www.ptpress.com.cn
涿州市般润文化传播有限公司印刷

◆ 开本：700×1000　1/16
印张：12.5　　　　2018 年 8 月第 1 版
字数：198 千字　　2025 年 8 月河北第 22 次印刷

定价：45.00 元

读者服务热线：(010)81055296　印装质量热线：(010)81055316
反盗版热线：(010)81055315

速溶综合研究所
心理研究室

隶属速溶综合研究所，是致力于研究职场、家庭与社会等方面的各种问题，并提出有效解决方案的研究机构。在梅第奇博士的带领下，研究员们已经找到了多项问题的解决方法，并有效地帮助了许多前来进行心理咨询的人。

梅第奇博士
速溶综合研究所心理研究室室长

毕业于意大利都灵大学心理学院，心理学博士，专攻社会心理学和临床心理学，具有二级心理咨询师资格。喜欢做实验，习惯带着宠物猫"凯撒"一起去研究所上班。他虽然看起来严肃，但性格温和、谦逊。

科西莫（博士的得力助手）
速溶综合研究所心理研究室护士

性格活泼又有头脑，个子小，很爱关心身边的人，能带给别人如沐春风的亲切感。

曾经在大型医院当护士，目前在研究室任职。

凯撒猫（博士的得力助手）
博士在研究室养的宠物

喜欢吃鱼，偶尔卖萌，看起来是一只普通的中华田园猫，其实是一个有智慧的未来生物。

一直想有个"女朋友"，可是博士好像并不知道。

小希
心理学专业本科毕业生

　　性格爽朗，做事雷厉风行，给人女强人的即视感，但内心火热，富有正义感。

妮妮
小希的闺蜜

　　目前就职于某国际外贸公司，担任主管，性格要强，对工作极其认真负责。

小卷
心理学专业本科毕业生

　　性格沉稳，乐于助人。平时喜欢泡在图书馆研读专著，实习时喜欢与博士讨论，并能碰撞出灵感的火花。

小德
小卷从小到大的好哥们儿

　　阳光、帅气，有活力，喜欢游泳、健身，拥有吃不胖的体质。

小曾
妮妮的业务伙伴

　　虽然看起来很平凡，实际很有商业头脑。

思思
小希的学妹

　　开朗活泼，喜欢一切可爱的事物。

目 录 CONTENTS

第1章 恋爱也好，孤独也好

第2章 发现爱情，揪心犹豫

第5章 爱情危机，还是转机

第 **1** 章

恋爱也好，
孤独也好

01 不想谈恋爱正常吗？

小慧今年29岁，经历了一段失意的感情后开始将更多的关注点放在个人成长上，每天下班去一下健身房，插插花，倒也轻松快活。可是她的妈妈却一点儿也不轻松，每天见到女儿都会愁眉苦脸地唠叨："我听说××家的那个小伙子人还可以，你去见见吧，过了这个村没这个店了。你都这么大了，自己的事情要抓紧了。"她很认真地告诉母亲："我最近不想谈恋爱，我觉得一个人挺好的。"当妈的脾气瞬间就被点燃了："你嘴硬什么，干吗非装出一副不想谈恋爱的样子，你年龄在那里摆着，再不着急，难不成等着找二婚的给人家当后妈去吗？"任凭小慧怎么解释，妈妈都不相信小慧是真心不想谈恋爱。妈妈认为，这个年龄不想谈恋爱是不正常的。真的是这样吗？

❗ 谈恋爱前需要做好的心理准备

谈恋爱前的心理准备是指准备好开启一段亲密关系，并且自身是开放的状态。很多人抱着"谈着总比没谈强"或迫于家庭和年龄的压力，手忙脚乱，被动开始一段感情，最初抱着"试一试"的心态，想着差不多就行了。而这种"试一试"的心态就好比不做热身运动就快跑，难看的结果可想而知。

在日后的相处中，由于最初并没有任何感情基础，很容易陷入因为对方身上的一点儿毛病就开始对他（她）整个人吹毛求疵的状态，慢慢地"怎么看都不顺眼"，这也是心理学上常见的晕轮效应，即在人际交往中，人们表现出的某一方面的特征掩盖了其他特征，从而造成人际认知的障碍。在日常生活中，晕轮效应往往悄悄地影响着我们对别人的认知和评价。晕轮效应既能很好地解释"情人眼里出西施"，又能全面地诠释"将就的爱情怎么看都不行"。

晕轮效应

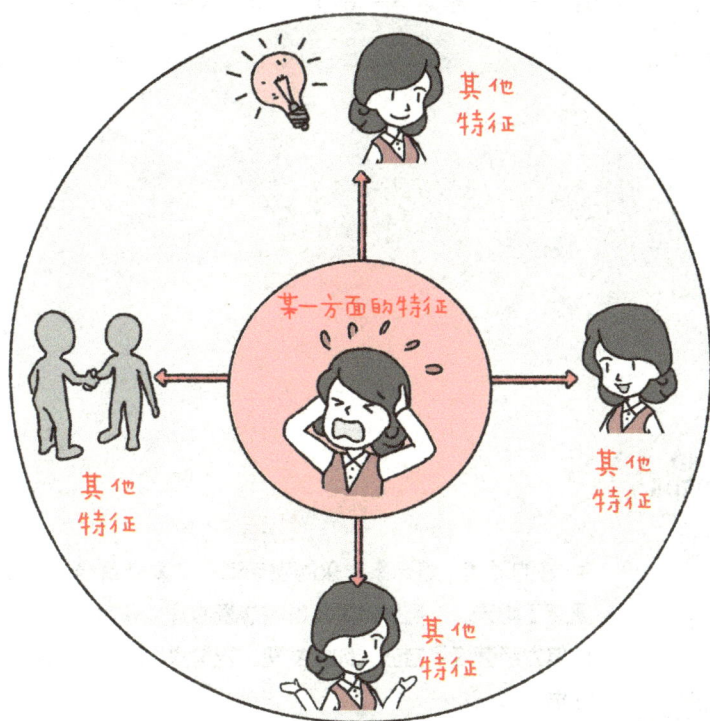

"我"不想谈恋爱的理由

所以，当没有做好恋爱准备时，不妨给自己足够的时间和空间停下来歇一歇脚，想一想："为什么我不想谈恋爱？"

可能是上一段感情让你身心俱疲，不想再变成那个失去自我的自己；也可能是家人的催促让你不堪其扰而产生了反抗；也可能在你看来，自己经济独立、朋友众多、生活精彩，爱情对你来说并非必需品。

想清楚这些，你会发现，自己其实并不是不想谈恋爱，而是不想轻易谈恋爱。不是不要爱情，而是只要好的爱情。但无论如何，爱情只是人生的一部分，我们的人生不只是为了恋爱和结婚而存在的。单身就像爱睡觉、爱旅游、爱美食一样，是个人兴趣的一种，人生状态的一种，并且不会影响他人。

END WORDS

结语

● 好的爱情，就像蔡康永的那句话："爱情是缘，就像久旱遇到了雨天。"当你做好足够的恋爱心理准备时，在恋爱开始前努力经营好了自己，你会发现，爱情来晚点儿，就不会走得太早。

到底什么时候恋爱最合适？

心理学家做过一个这样的研究实验：首先选择2 000多名青年参与者，他们有的单身，有的恋爱中，有的有过几段恋爱经历。然后，对这些被研究者进行了几年的跟踪研究，调查的主要内容包括：第一，一段稳定的恋情。主要是指恋爱时间不短（至少一年以上），就算不到谈婚论嫁的地步，但是双方对彼此有郑重的承诺，对以后抱有希冀，都希望彼此是自己终身的伴侣；第二，性格特征。主要包括性格内向、外向，责任心，自尊，等等。

研究结论表明：第一场稳定恋爱关系发生的年龄对个体的性格发展和成熟非常重要。具体来说，第一场稳定的恋爱关系发生在23~25岁比较好，因为第一场稳定的恋爱关系发生在23~25岁的人，他们在随后的几年中，性格发展得更为积极和健康，他们往往有更高的自尊、更好的责任心、更稳定的情绪，同时也更加外向。

！ 谈恋爱时机的不同解读

看到这里，如果你发现自己刚好在这个年龄找到了心仪的他（她），那么可喜可贺。而你如果已经过了这个年龄，或者还没到这个年龄已经开始了一段感情，抑或还没找到那个合适的人，也大可不必担心。因为，人们在不同年龄阶段对感情的解读不同，吸引你的伴侣的特质也会不同，自然对"什么时候谈恋爱最合适"或"和什么样的人谈恋爱更合适"的解读也会有所不同。可能20岁出头，你渴望的是风花雪月的浪漫感情；30多岁，你更需要有一个稳重、负责的人做你的港湾；40多岁，你需要的则是柴米油盐中相濡以沫的乐趣。

谈恋爱时机的不同解读

陪伴

40岁

家　事业

浪漫

30岁

20岁

！谈恋爱最佳时机的两个需求

不论什么时候开始一段感情，我们都会产生以下两点共同的需求。

第一，通过恋爱更了解自己。

除了自我认知概念，让恋爱中的自己更完整、清晰地呈现出来。 一个好的伴侣就像是一所好学校，从他（她）身上，我们会更好地了解自己的喜

谈恋爱最佳时机的两个需求

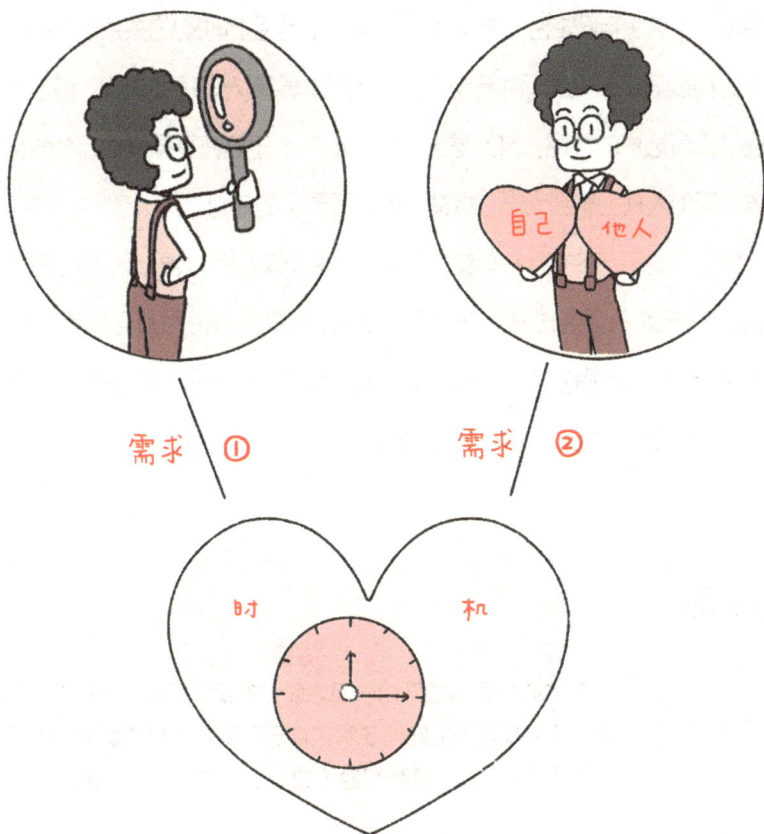

需求①　需求②

自己　他人

时　机

好，性格特点，甚至软肋和缺点。心理学上有句话："我们对待一个人的方式通常是从他人身上习得的。"我们会发现如果自己的伴侣是温厚、谦卑的人，我们会渐渐被对方这样的性格所影响，而如果自己的伴侣沉默寡言，我们的话也会变得越来越少。在两性关系中，日常的相处让我们看到了自己和伴侣身上的特质和不堪忍受的缺点，同时在这个过程中进一步了解自己，完成了内在的自我认同。

第二，通过恋爱培养爱自己和爱他人的能力。

曾经有一位女性朋友告诉我，她一直坚持关心他人和爱他人，有时看见一些宣扬"爱自己"的文章就会觉得这是一种很自私的行为。直到后来，她找到了一个男朋友，他会将自己的生活安排得井井有条，也会将他们的关系处理得恰到好处让她觉得很舒适。突然间她意识到：爱自己和爱别人是不冲突的。甚至她惊喜地发现"人所选择的伴侣，其实是另一个自己"。于是在平衡爱对方和爱自己的过程中，两个人共同得到成长，精神上也有了更多的共鸣。

然而，很多亲密关系并非如此美好。大多数人因为爱上对方而慢慢迷失了自我，一味地希望通过让步来满足对方的需要，渴望对方可以看见自己，更好地爱自己，结果往往以悲剧收场。因此，当我们放弃了自己在亲密关系中的正常需求时，就没有谁能帮助我们。

END WORDS

结语

● 不论在什么年龄开始一段恋爱，都要记得问一问自己：在这段关系中我是否更好地了解了自己？我是不是更懂得如何爱自己及爱他人？是不是我和他（她）都有共同成长的感觉？

03 谈恋爱到底谈的是什么？

梁山伯和祝英台谈恋爱，他们吟诗作赋，情投意合；陆游和唐婉谈恋爱，有了那曲脍炙人口的《钗头凤》；文人骚客，名垂千古的爱情总是多了几丝浪漫，而作为普通人，我们可能在恋爱中无法日日诗词歌赋般追问"你爱不爱我？"那么我们谈恋爱到底谈的是什么呢？

❗ 谈恋爱的自我表露

谈恋爱，首先要说的是一个"谈"字，也就是我们所说的沟通。沟通是一个双向互动的过程，需要恋爱关系中的双方进行一定的自我表露。自我表露（Self - disclosure）这个名词是1958年由美国心理学家西尼·朱拉德（Sidney Jourard）提出来的。它的意思是指将自己个人的有关信息讲出来，使别人知道。

也就是说，在最初关系建立阶段，彼此都要针对自我的情况进行分享。比如，你告诉对方你的血型、喜欢的美剧；对方告诉你他（她）家金毛犬几岁，今年刚去了哪里游玩。在这个过程中，彼此让对方了解自己的倾向性，同时也互相衡量合拍与匹配程度，当有了较高的一致性时，才有恋爱的可能性。反之，如果一直是一方喋喋不休，不断推销自己，另一方鲜有回应，这种"沟而不通"的模式就很难打开恋爱的大门。

恋爱中的自我表露

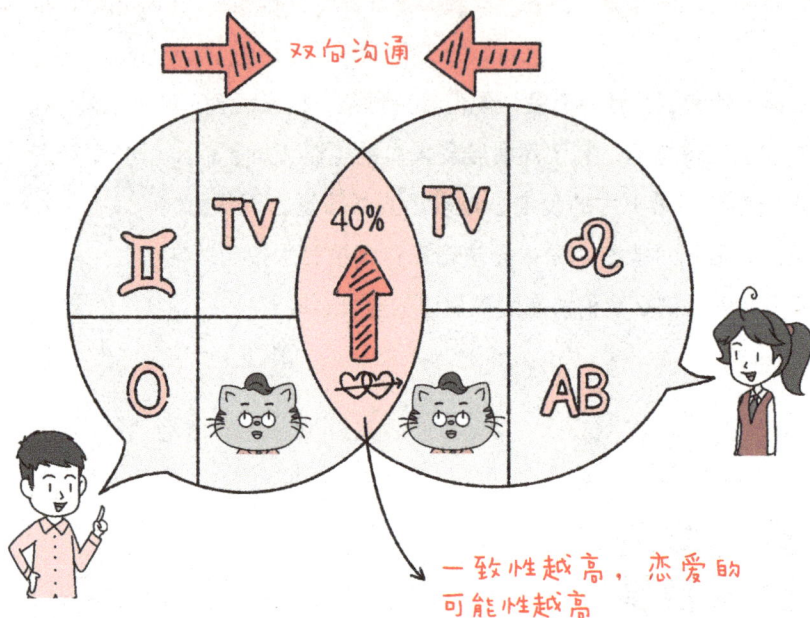

双向沟通

40%

一致性越高，恋爱的可能性越高

谈恋爱要谈的具体内容

下面，我们来看一看，谈恋爱具体要谈些什么。

第一，我们需要了解对方的"三观"：人生观、价值观、世界观。

有句话说得好："相爱容易因为五官，相处不易因为三观。"看上去是在调侃，其实强调了三观相同的重要性。

你喜欢丁克，对方想儿女双全，这样的差异可能是人生观的不同，彼此没有对错之分，只是各自的人生观不一样，如果强行向一方扭转，只会渐行渐远。

　　价值观不同，甚至对立的人，很难互相理解。你觉得重要的东西对方觉得没有意义，从而否定你；对方坚持的东西你觉得没有必要，而一直嫌弃对方。彼此都找不到存在感，也会使恋爱无法深入。

　　世界观是指双方对世界的基本看法和观点。如果世界观不同，那么两人就很难能聊到一起去。

　　第二，自身的情感需求在恋爱中要得到满足。

　　一段好的感情会满足双方的需求。具体来讲，女性在恋爱中有以下需求。

　　1. 时常被关怀。虽然是日常的唠叨，也希望对方能耐心倾听。

　　2. 再三地被肯定。她可能一而再、再而三地询问对方是否爱她，其实她只是需要被肯定，需要对方给她信心。

　　3. 想法被尊重。她和你的想法、步调可能不尽相同，同样需要被尊重。

情感需求要在恋爱中得到满足

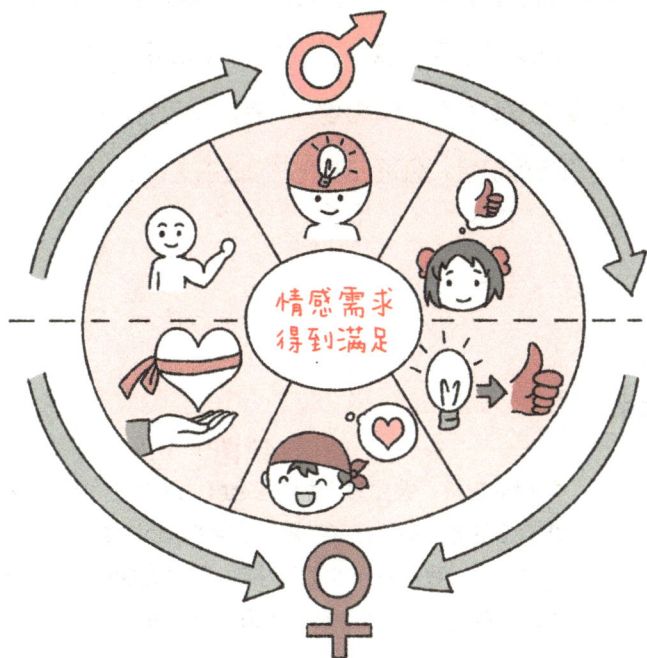

情感需求
得到满足

男性的情感需求则表现为以下几点。

1. 自身的能力被肯定。他时常会关心是否让人瞧得起，是不是对方的肯定对他来说有着很好的鼓励作用？

2. 才华被欣赏。也许他的有些才华和工作完全不相干，但仍需要被欣赏和尊重。

3. 他对对方及对这段感情所做的努力需要被称赞。称赞他的努力远比称赞他的帅气更让他心花怒放，因为称赞是向对方发送了一个表示"我看见你了"的信号。

第三，恋爱中彼此的思维方式碰撞。

人的思维方式有两种，一种是自省，另一种是推卸。

有自省思维的人，会比较理性，会分析某件事情的整个过程，学会从自身出发，思考自己是否哪里做得不好，然后再看事情的根源，与伴侣好好交流，化解矛盾；而推卸责任的人，一遇到问题就逃避，将责任往伴侣身上推，将小矛盾变成大矛盾。不妨看一看，你的伴侣是哪一种。即使对方采用了推卸责任的思维方式，如果你觉察到了并有勇气和对方对这个情况进行沟通，这也是思维碰撞的机会，会进一步推进彼此的关系。

END WORDS

结语

● 除此之外，彼此对待家庭的态度、对待压力的看法和对待工作的态度等，都是在谈恋爱中不可或缺的主题。在谈这些主题的过程中，我们进一步了解对方，为更好地在一起做出明确的努力，这其实是一件对彼此都负责的事情。

04 渴望爱情却又怕被爱情伤害怎么办?

我认识很多看上去很优秀的朋友，他们经济独立，面容出众，从小到大都是父母口中"别人家的孩子"，但他们也有着自己的恐惧和不安，他们不敢开始一段真正的恋情，总是担心一段恋情难免会以失败告终。当有人向他们表示"我喜欢你"时，他们的第一反应是：这肯定不是真的！对方肯定是因为不知道真实的我才这样说的，一旦对方知道了我真实的样子后肯定会离我而去，到时受伤的还是我！

！为什么担心被爱情伤害?

这种担心被爱情伤害的原因大多其实是关系中的安全感没有得到满足。

很多人会通过自己的努力探寻关系中的安全感。当我们与人互动时，会担心自己是否被人接纳、喜欢、爱，或者担心别人会离开、抛弃自己。这是一种基于人与人之间，关系相处的质量和相处安全性的一种反应。

安全的亲密关系会让彼此感受到有一个稳定的空间，在这个空间中，我们会感受到自己是被对方重视的、喜欢的，是可以掌控这段关系的。

但如果这种需求没有被满足，控制感就会出现一些问题，我们可能会觉得：我必须得做点儿什么才是重要的，或者我的付出是有条件的，又或者觉得我做什么都是不重要、不好的。

结果就是一方不停地索求，直到另一方想逃走。当我们对爱的控制和索取表现得越强烈，对方的反抗就会越严重。即使对方给了我们想要的退让和理解，我们也难免进入另一个自我怀疑的怪圈：这是我问对方要来的，并非对方自愿。无形之中，给了自己一道难以解答的题，不论结果怎样都无法完全释怀。最终导致了渴望恋爱，但是又担心受到伤害而无法开始一段亲密关系。

担心被爱情伤害的原因

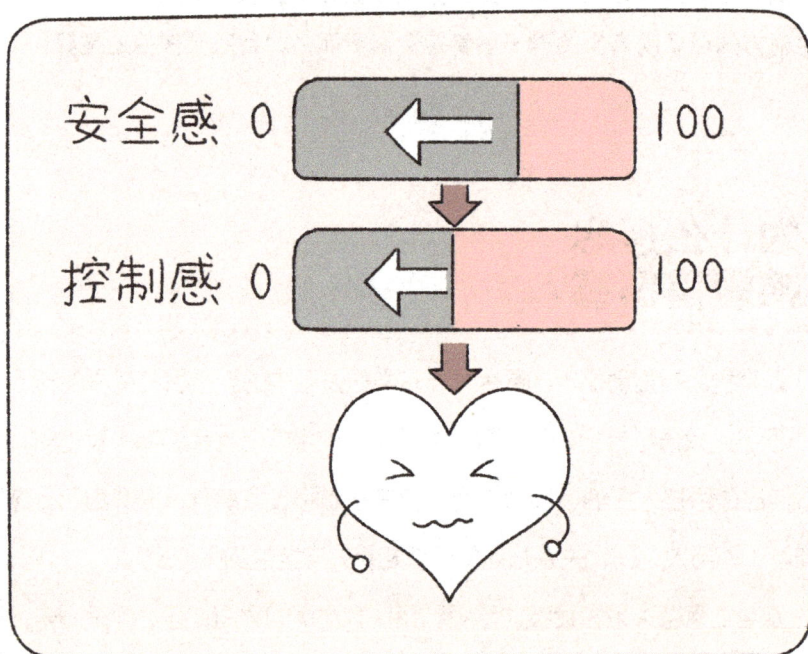

如何放下怕被伤害的担心 开启一段感情呢？

首先，应认识到，安全感的缺失，有时责任不在于你。

这些想法的产生都有其深刻的原因，有来自童年经验中父母的忽视。有一个从小就在父母的争吵中长大的女孩，母亲一直告诉她："要不是因为你，我早跟你爸离婚了。"于是她拼命努力学习，乖巧懂事，因为只有这样好像母女才能关系好一点儿，母亲才会夸一句"这才是我的好闺女"。这种有条件的爱让她一直担心："是不是我稍微有一点儿做得不好，所有人就都会离开我？"这些担心会让她不停向外索求。

如果是这样，先别着急，试着给自己一个拥抱，告诉自己"我已经做得很不错了。"

如何放下怕被伤害的心

认识到安全感的缺失，有时责任不在于自身

为自己的安全感做点儿什么

提升自我接纳程度

然后，应开始尝试着为自己的安全感做点儿什么。

试着融入不同的关系中，可以参加英语班，也可以参加花艺培训或极限运动，在这些关系中，我们可以体验到更多安全感的需要，也可以结交更多的朋友。当我们给自己创造了安全的环境时，就能满足自己内在安全的需要。

最后，提升自我接纳程度。

安全感最终来源于我们对自己的接纳程度。如果一直陷入"我不够好""我不值得被爱"的想法中，难免在一段关系中停滞不前。接纳自己还有一个前提，那就是爱自己。有一句话："如果你在生活中遇到一个人，他像对待自己一样对待你，你会不会早就离开他了？"同样，我们也要问一问自己："我有没有对自己足够好？"这和买几万元的包包或吃一顿大餐没有直接关系，而在于我们有没有善待自己的身体和心灵。

END WORDS

结语

● 当我们开始爱自己、接纳自己时，遇到那个合适的人，才有勇气站在对方面前，勇敢踏出第一步。我们给予自己充分的安全感，自然有勇气去迎接一段恋情。

恋爱这么麻烦为什么还是想恋爱呢?

当我们开始一段感情时,一个人变成了两个人,甜蜜会加倍,烦恼也自然会加倍。我们会不厌其烦抱怨伴侣有时不够体贴,不能如你所愿;我们会不得不牺牲个人的独处时间,去陪伴对方,甚至是对方的家人;我们会因为两个人的分歧而喋喋不休地争吵,严重时甚至想提出分手。让人不禁怀疑人生:好生气,谈个恋爱这么麻烦为什么还要在一起!干脆一个人生活算了,还简单、轻松!

❗ 恋爱是人的一种需求

1943年,著名心理学家亚伯拉罕·哈罗德·马斯洛(Abraham Harold Maslow)发表《人类激励理论》,论文中提出了需求层次理论,他将人类的需求像阶梯一样从低到高按层次分为5种,分别是生理需要、安全需要、归属与情感的需要、尊重的需要和自我实现的需要。

一般来说,某一层次的需要相对满足了,就会向高一层次发展,追求更高层次的需要就成了驱使行为的动力。各层次的需要相互依赖和重叠,高层次的需要被满足后,低层次的需要仍然存在,只是对行为影响的程度大大减小了。

人作为一种群居动物，当生理的需要和安全的需要得到满足时，就产生了归属与情感的需要，即人人都希望得到相互的关心和照顾。情感上的需要比生理上的需要更细致，它与一个人的生理特性、经历和教育都有关系。恋爱这种亲密关系无疑是满足归属与情感需要最直接的方式。在爱情中，纵然有各种烦恼，也必须承认，我们从对方身上感受到了自己是被爱、被关心的。归属感除了"你是我男（女）朋友"这样身份的称呼，更多的在于晚归时伴侣给你留的那盏灯，身体不适或情绪不佳时，有个人可以倾诉和依赖。

马洛斯需求层次理论

影响行为程度

自我实现的需要

尊重的需要

归属与情感的需要

安全的需要

生理的需要

！ 恋爱可以
减少孤独

一份近期的调查显示，独居的痛苦不仅是一种心理问题，不必要的孤独同样会影响身体健康。根据研究显示，相比肥胖症带来的健康威胁，孤独的致命率在日趋增长，其风险甚至与肥胖症不相上下。

健全而成熟的亲密关系可以减少内心的孤独感。而这种亲密关系应该是建立在两个自身圆满、内心成熟的人的相互联系上的，这种健全的亲密关系是稳固、能给彼此带来积极能量的正向关系。

如果是想借谈恋爱来填补内心空虚的人，很可能是还没有"能力"形成

恋爱可以减少孤独

自身圆满

内心成熟

正向关系

健全亲密关系的人。这种情况下为了一时逃离孤独感而谈的恋爱，也许在短期内能够起到缓解孤独感的效果，但由于内心的不成熟，还是有可能没有办法维持长久而健全的关系。甚至从长久看来，这种不成熟关系中的双方，当面对交往期间的冲突或分离期的焦虑时，由于不恰当的处理，还可能对彼此心中的孤独感造成雪上加霜的负面影响。

归根结底，要摆脱孤独感的根本方法并不是找另一个有孤独感的人抱成一团，而是将自己先发展成圆满、健全的人，这样不论是否在与人恋爱，都能够获得内心的持续充实和成长。圆满、健全的人大多有这样的人格特质：既可以享受一个人的时光自得其乐，也可以在集体中感受到人际交往的乐趣；对自己有着一个相对客观的评价，不妄自菲薄也不妄自尊大，得到他人的评价后能够选择适合自己的部分接纳和改变，而不是眼中全是"别人"没有"自己"。不妨给自己几分钟思考一下，看看自己有没有做到这种平衡？

END WORDS

结语

● 最后，引用美国著名心理学家埃里希·弗洛姆（Erich Fromm）的一句话：幼稚的爱是因为我需要你，所以我爱你；而成熟的爱是因为我爱你，所以我需要你。

第 **2** 章

发现爱情，
揪心犹豫

发现喜欢的人，如何摆正暗恋姿势？

01

杰罗姆·大卫·塞林格（Jerome David Salinger）在《破碎故事之心》中说道："有人认为爱是性、是婚姻、是清晨6点的吻、是一堆孩子，也许真是这样的，莱斯特小姐。但你知道我怎么想吗？我觉得爱是想触碰又收回的手。""想触碰又收回的手"应该可以很好地形容暗恋者的心态：内心充满对暗恋对象的渴望却表现出极其的克制。

暗恋在你我身上都发生过，可能是学生时代看见帅气的穿白色衬衣的男生后的脸颊微红；也可能是成年后遇见一位优雅、美丽的女性，想靠近却无法企及。暗恋是一个人的事情，可能永远爱着，不抱希望又满怀希望，其中的酸甜苦辣只有自己知道。

！暗恋的感觉后像

暗恋过程中，暗恋者会表现出持续被一个人吸引，甚至有"茶不思饭不想"的感觉。心理学中将这种现象称为"感觉后像"：在外界刺激停止作用后，还能保持一段时间的感觉印象。

同时，暗恋过程中，大多是单相思，也就是单恋，双向暗恋的情况少之又少。单相思的模式大多是起初双方仅是普通交流，然后其中一方对对方萌生爱意，并陷入自己编织的情网难以自拔，时不时用隐晦的言语或行动暗示对方。其中，如果对方年龄在25岁以下，通常会直接拒绝单恋者；而30岁以上的人则大多选择默不作声，这种处理方式就容易使单恋者产生误解。

为什么会出现暗恋这种现象呢？喜欢一个人直接说出口岂不是更轻松吗？

单相思的模式

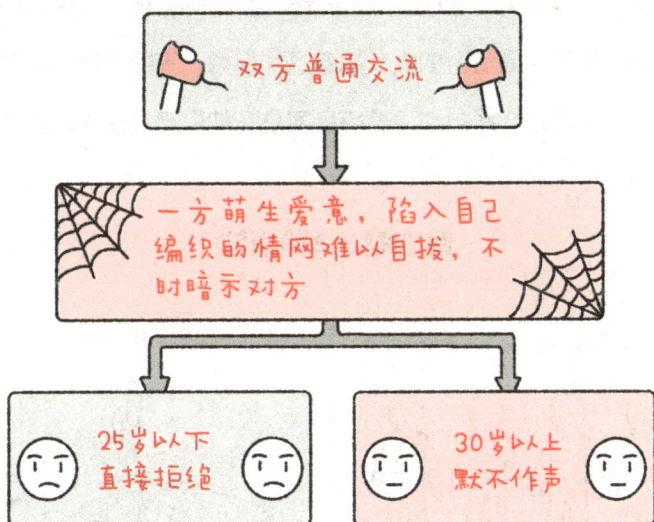

！暗恋者的3种想法

研究者通过大量的样本进行调查，得出了暗恋者的以下3种普遍想法。

1. 暗恋者将暗恋的对象视为一种极具独特的个性化存在，认为这个人比其他任何人都更值得追求与爱。也就是说暗恋者将暗恋对象过于完美化，导致了自己对暗恋对象的疯狂沉迷和无法自拔。

暗恋对象的一举一动，即使不是针对暗恋者的，对暗恋他的人来说都已经是一种犹如艺术品般的美的表达。这种对完美化事物的欣赏态度，会让暗恋者对暗恋对象产生"可远观而不可亵玩焉"的想法。不去表达自己的爱意，而是选择了暗恋这种形式维持内心美好的想象，这其实也满足了暗恋者自身自恋的需要，通过维持这种美好想象来证实"我爱的人是值得被爱的，我的判断是对的"。

2. 水滴石穿的执念。不少暗恋者认为"铁杵终会磨成针"，只要始终如一地爱下去，对方早晚会注意到暗恋者感天动地的付出，最终醒悟，认定暗恋者才是那个最爱与最适合的人。抱着这种执念，暗恋者往往就会高估关系中的回报水平，认为选择被动地等待其实是一种保守的低成本方式：你迟早

暗恋者的3种想法

1.将暗恋对象视为一种极具独特的个性化存在

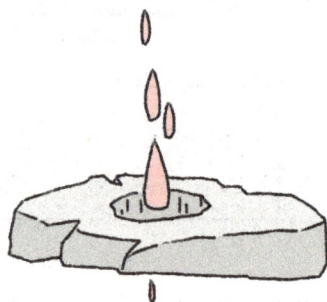

2.水滴石穿的执念

3.认为爱一个人就是一种巨大的情感盈利

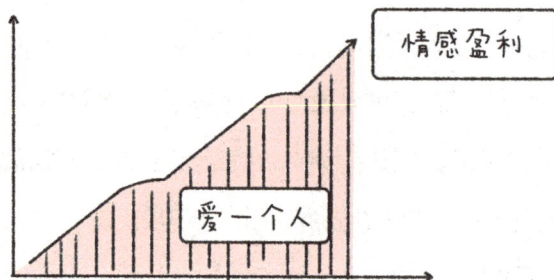

情感盈利

爱一个人

会被我打动，我虽然从来没有明确表白过，但也不至于一开始就被拒绝而感到没面子。

3. 认为爱一个人就是一种巨大的情感盈利。他们并不要求一个怎样的结果，追求的是"爱过"二字。"喜欢你是我的事情，与你无关"能够很好地说明这种想法。在暗恋的过程中，即使对方不知道，但是暗恋者在整个过程中有了一个想象中的对象来寄托自己的感情，内心的空白在一定程度上得到填补，也是一种自我满足。

如何摆正暗恋姿态？

暗恋的本质就是社会交换理论，即"感受如何"与"动机怎样"完全是两回事。感受决定了关系满意度，而动机决定了最终的行为决策。

要想摆正暗恋心态，首先应对自己的感情状态进行评估，分清是单纯被吸引还是有想要和对方在一起的念头。如果是前者，你们可以试着发展不同的关系：合作伙伴、朋友；如果是后者，可能需要继续问问自己：暗恋与马上表白相比，哪个我更能接受？然后，选择对自己来说风险最小的决定。

END WORDS

结语

● 如此情深，却难以启齿。原来你若真爱一个人，内心酸涩，反而会说不出话来，甜言蜜语，多数说给不相干的人听。

——亦舒

第一次约会该怎么办？

不论是相亲，还是自由恋爱，男女朋友之间都少不了约会这个环节。美好的约会可以使两个人的感情升温，有效地推进两者的关系。糟糕的约会很可能出现"见光死""一言不合就再见"的后果，约会的重要性可见一斑。所以第一次约会也许就决定了两个人能否一起走下去。

在社会心理学中，由于第一印象的形成，导致最初获得的信息比后来获得的信息影响更大，即"先入为主"带来的效果，称为首因效应。心理学家阿希通过实验表明，最初的印象有着高度的稳定性，后继信息甚至不能使其发生根本性的改变。

！第一次约会中的雷区

你是不是曾经遇到这种情况：在约会中，两个人谈笑风生，可是约会结束后，你给对方发信息，对方总是爱理不理，到底是哪里出现了问题呢？

在约会过程中，对方可能会在相处时通过你的外表、谈吐、举止等方面在自己内心对你进行评分。虽然约会过程中两个人谈笑风生，但是也许对方只是礼貌性地回应你，或者就是抱着"完成父母给的任务"的心态而来，因此这一次约会过后自然就没有下文。下面，就让我们来了解一下第一次约会有哪些应当避免的雷区。

第一次约会中的雷区

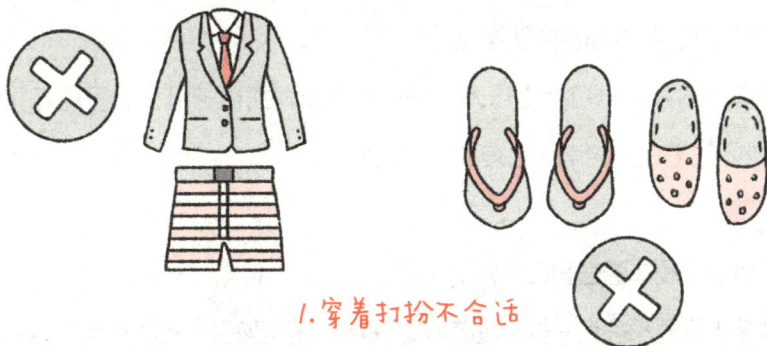

1.穿着打扮不合适

2.过多的自我展示，不给对方说话的机会

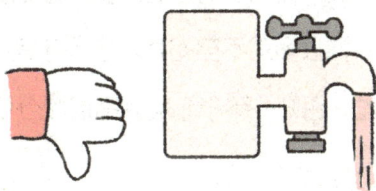

3.不恰当的肢体语言和口头禅

第1颗雷

穿着打扮不合适。

有些人因为工作或其他的事情，约会时匆匆赶来，只穿了一双拖鞋，这样未免显得对约会不重视。有些人可能恰恰相反，对约会特别重视，盛装出席，可是过于隆重显得与周围的环境格格不入。外在的打扮在第一印象中占了很大一部分比重，如果初步判断觉得彼此不合适，即使后面聊得还算愉快，整个约会体验和对对方的个人评价都会减分。

第2颗雷

过多的自我展示，不给对方说话的机会。

日常约会中，那些张口闭口就说自己有多么厉害，在工作上多么被重视，甚至说话时刻意中英文掺杂的人，都是在向对方发出这样一个信息：我自我感觉良好，所以你也要认可我。

这样自然会让对方产生压力，并且根本没有插话的机会，只能点头迎合。这种不对等的交流必定会造成约会失败。

第3颗雷

不恰当的肢体语言和口头禅。

很多人平时都会有一些小动作和口头禅，如女孩子时不时不自信地将一将头发，男孩子时不时防御过重地抱住手臂，还有一些人谈话时语气过重、口头禅很多却不自知等。应该在第一次约会互相衡量的过程中避免出现这些问题，否则一不小心就会出现减分项。

！第一次约会要谨慎

如何做才能更好地进行第一次约会？可以从以下3个方面做功课。

1. 选择合适的服饰装扮。

色彩心理学家指出，通常来说，女性可以多选择薰衣草色或紫丁香等淡紫色颜色的服饰，因为紫色可以促进女性分泌荷尔蒙，使她们比平时看起来感觉更漂亮、温柔。此外，粉红色也具有类似的效果。男性不必非要穿正装出席，偏休闲的衬衣和西装会使整个人看上去更舒服又不至于夸张。

除了主要穿着，可以适当增加一些配饰：手表、项链、皮带都是不错的选择，切忌不要过多，否则会产生喧宾夺主的作用。

2. 礼貌得体的沟通方式。

首先，初次见面需要"蜻蜓点水"。如本书第一章提到的心理学中有一个晕轮效应，是指认知者对一个人的某种特征形成好或坏的印象后，还倾向于据此推论其他方面的特征。首次见面，如果过于深入地谈一个话题，可能会导致对方因此而给你贴上一些标签。

因此，聊一些话题时，只说一个大概，反而会让对方对我们产生好奇心，期待下一次见面。

其次，保持微笑并关注对方的三角区。以眉心为顶角、两颧骨为底角所形成的三角形，被心理学家称为"焦点关注区"。和对方说话时，如果我们的目光不断游离于这个"三角区"，会给对方一种被人强烈关注、自己成为焦点的感觉，这会让对方对你好感倍增！相反，如果死死地盯住对方的双眼看，反而会让对方一开始就反感或产生敌意。

3. 约会即将结束时强化约会的愉悦感。

心理学家伯尔赫斯·弗雷德里克·斯金纳（Burrhus Frederic Skinner）等人提出了强化理论，认为如果一种行为的后果对人有利，那么这种行为就会在以后重复出现。你可以告诉对方，这一次约会让你收获了很多不一样的东西，还可以赞美对方吸引你的某一点，这些并不影响你们以后是否继续发展关系，而是我们对对方的基本的尊重，也是对这几小时的尊重。

结语

● 以上这些方法都有一个重要前提，就是两个人都真心想进行一次不错的约会。只要彼此认真对待，加上合适的装扮，礼貌的沟通方式，结束时强化愉悦感，约会就不会只有一次。

如何理解喜欢和爱恋的不同？

电影《后会无期》中有一句经典台词："喜欢是放肆，爱是克制"，很文艺地说出了喜欢和爱的不同。有人说"喜欢是摘花，爱是浇水"，还有人说"喜欢是乍见之欢，爱是久处不厌"。这些听上去很有道理的话让人们隐约了解到喜欢和爱是不同的，可是要具体说出哪里不一样，又会一时语塞。我们不妨跟着心理学家看看他们对喜欢和爱有什么不同解读吧。

！喜欢是有你真好

心理学家研究表明，喜欢是人体产生多巴胺和去甲肾上腺素的结果。有时我们喜欢上一个人，其实并没有那种小鹿乱撞的心动感觉，而是由以下4个因素直接导致的。

1. 相似性。你们的说话内容、表达方式、兴趣爱好等有着普遍的相似性，通俗来讲，就是你们在同一个频道上。想一想，那些你可以称得上"喜欢"的人是不是经常和她们有一种一拍即合的感觉？举一个例子，小曾和他的女朋友思思好久没见面，约在这周末见面，对话如下。

小曾："周末约在我家一起打游戏吧。"

思思："没问题，要不要我带点儿吃的，然后在你家里吃饭？"

小曾："好的，11点前带着东西过来就可以。"

思思："好，回见。"

干脆、利索的沟通方式让两个人在一起时有一种惺惺相惜的感觉。而有的人回答同样的问题，则可能会先表明"随便，都可以"，然后又不停地提出建议，最后迟迟没办法做出决策。

2. 接近性。既包含了地理位置上的接近性，也包含了心理距离的接近性。简单地说，就是离得比较近，遇事好说话，增加了沟通的机会，减少了沟通的成本。

3. 外表吸引力。当我们对一位异性有喜欢的感觉时，对对方外表的判断通常为"长得还不错，看上去还比较舒服"；相反，如果遇到一个开始就让

喜欢的4个因素

1.相似性　　说话内容　表达方式　兴趣爱好

2.接近性

3.外表吸引力

4.公平性

我们望而却步的人，我们就很难愿意在精神上进行进一步的沟通。

4. 公平性。喜欢一个人是在进行一种社会交换，互相交换对彼此的好感并有所表示，这种公平性其实能更好地让彼此心里得到平衡。

！爱是
非你不可

爱一个人是怎样的呢？

恋人之间会释放出"爱情荷尔蒙"，如苯基乙胺、多巴胺等。**这些"爱情荷尔蒙"一方面让恋人之间相互信任与理解，另一方面又让他们相互嫉妒和猜疑。**

心理学家罗伯特·J. 斯滕伯格（Robert J. Sternberg）提出的爱情理论认为，爱情由3个基本成分组成：激情、亲密和承诺。激情是爱情中的性欲成分，情绪上的着迷会让人有心跳加快，瞳孔放大等一系列的生理反应；亲密是指在爱情关系中能够引起共鸣的温暖体验，总想和对方保持联系的亲密感；承诺指维持关系的期许或担保。这3种成分多少的差别构成了以下7种不同的爱情。

1. 喜欢式爱情：只有亲密，没有激情与承诺。

2. 迷恋式爱情：只有激情，没有亲密与承诺。

3. 空洞式爱情：只有承诺，缺乏亲密和激情。

4. 浪漫式爱情：只有激情和亲密，没有承诺。这种爱情崇尚过程，不在乎结果。

5. 伴侣式爱情：只有亲密和承诺，没有激情。

6. 愚昧式爱情：只有激情与承诺，没有亲密。没有亲密的激情顶多是生

爱情的7种类型

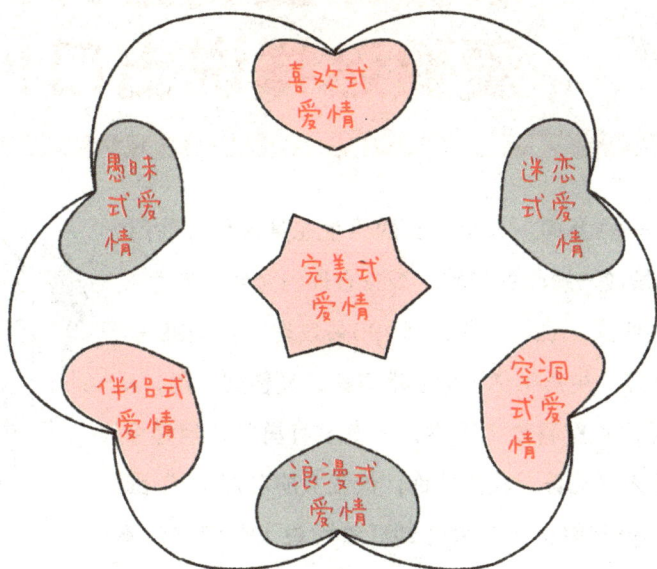

理上的冲动，而没有亲密的承诺不过是空头支票。

7. 完美式爱情：包含激情、亲密与承诺。只有在这一类型中我们才能看到爱情的庐山真面目。

在罗伯特·J.斯滕伯格看来，前面列举的6种都只是类似爱情或非爱情，在本质上并不是爱情，只有第7种才是爱情，而我们在现实生活中碰到的类似爱情和非爱情实在太多，以致将同时具备三要素的爱情当作是一种超现实的理想状态，真正达到的人也并不多。

!
END
WORDS

结语

● 不管是喜欢还是爱，其实都是一种与外界的关系。喜欢可以转换成爱，但在转换前，先想清楚，新关系的双方究竟是不是自己可以承受和接受的。

04 表白的正确打开式，爱要这样说出口！

有这样一则新闻：一个大三的男生在某年情人节用999个柚子摆成一颗心的形状，表白心仪的女生。他手持话筒，冲着女生说："别人送999朵玫瑰，我送999颗柚子，希望一生总柚你。你心地善良，又善解人意，从认识你的那天我就喜欢上了你，一直没有勇气，但是今天有这么多人的见证，我想问你，做我女朋友好吗？"围观群众在一旁起哄，可是女生却红着脸说了一句"对不起，我一直把你当弟弟。"然后扬长而去，路人们将999个柚子快速抢完，留下尴尬的男生。

俗话说："表白是胜利时奏响的凯歌，而不是冲锋时吹起的号角。"也就是说，在表白前，双方已经经历过无数次的试探，欲擒故纵、欲拒还迎。表白的"套路"很多，需要准备的功课也更多，并不是一堆柚子就可以解决的！

！用心理学来给表白支招

一、弄清楚对方的感情状态

对方是单身还是恋爱？是准备分手还是其他？虽然有句话很酷："爱你是我的事情，和你无关。"但是当你准备表白的那一刻，其实已经说明，你期待对方的反应是接纳你，和你共同走下去，没有谁是为了得到拒绝而去表白的。

既然期待对方的接纳，那么就需要了解对方现阶段的真实情况。如果人家正在甜蜜热恋期，你再精心准备也难免会落得一个对方十分感动，然后还是被拒绝的结果；或者对方不说明自己的情况，保持不接受也不拒绝的暧昧态度，你就莫名的变成了"备胎"，相信这也不是我们想要的。

二、增加接触的机会

如果确定对方是单身，那么你需要第2招：增加接触的频率，了解真实的对方。

我们在对一个人产生好感的初期，很容易因为晕轮效应而"情人眼里

用心理学给表白支招

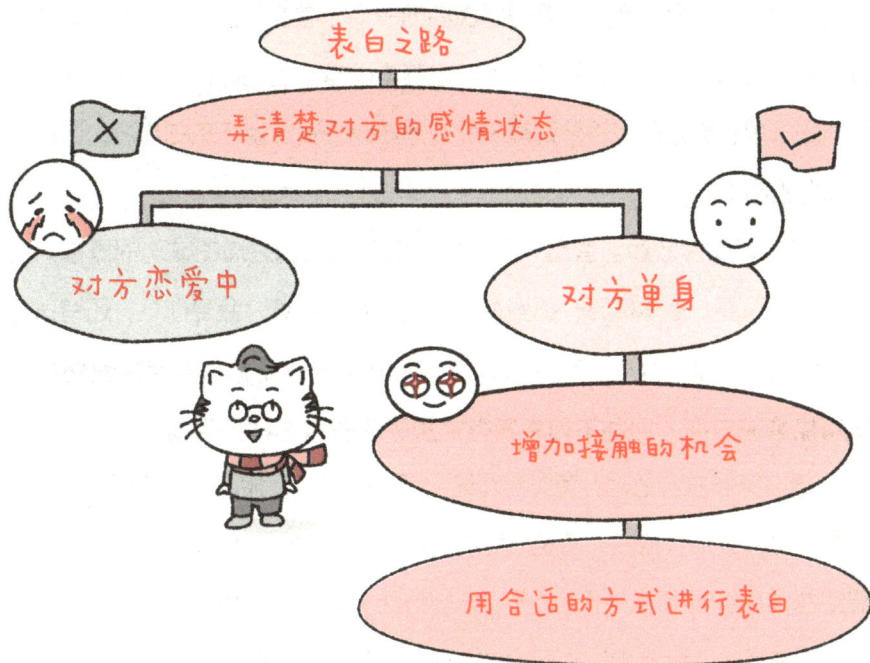

表白之路

弄清楚对方的感情状态

对方恋爱中　　对方单身

增加接触的机会

用合适的方式进行表白

出西施"，怎么看都觉得对方是自己的理想伴侣。多一些接触才能有机会将对方从一个理想化的状态拉回现实，这看上去可能会让我们一开始幻想的完美形象破灭，其实会为日后的相处奠定更踏实的基础。曾经有一个朋友抱怨说："我的伴侣一直把我放在一个很理想化的角色中，希望我时时刻刻关注她的情绪，可是我也是一个独立的人，我真的也有自己的情绪要处理，没有办法做到时刻对她关注啊！"而他们的恋爱初期，则是因为女方对男方有了一种崇拜后快速地走在了一起。缺乏了日常接触的点滴，未来的感情自然也走得磕磕绊绊。

三、用合适的方式进行表白

这里强调的"合适"包含以下几点。

首先，时机合适。一个女人要爱上一个男人，需要有去了解他的冲动。因为女性在关系确立前是相对理性的，而一旦关系确立后就会变得感性；男性则相反。这也是判断是否要进行表白的一个非常好的标准。因此，如果一直以来，女方只是对你殷勤的服务安之若素而从不主动问你有关你本人的一些问题，或者男方只是不停地献殷勤但是丝毫没有安定下来的想法，这都是不适合表白的。

其次，场合合适。营造一个"小惊喜"的氛围会增加成功的概率。注意，是小惊喜，不是惊吓！那些在宿舍楼下唱歌吼着"我爱你"，还有送柚子的行为就不是小惊喜，而是惊吓了。**一个在乎排场和众人羡慕眼光的女孩可能会答应你，但并不代表所有女孩子都喜欢这样的形式。**

怎么算场合合适呢？有柔和灯光和音乐的餐厅，微风拂面的湖边，那些有纪念意义的约会地点，都是不错的选择。这些地点都可以强化你们关系的稳定性，并且周围的人不宜过多，这样彼此才能更好地遵从内心的想法，确认对方是因为"我爱你"才答应你的表白，而非舆论的压力和一时的冲动。

时机合适与场合合适

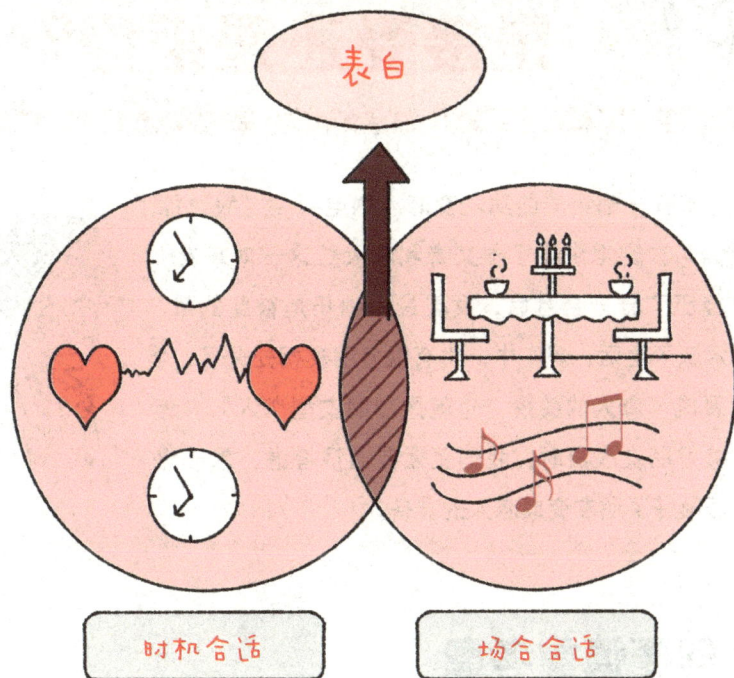

结语

● 当然，即使这几点都万事俱备了，也不能百分之百确定表白会成功，只是会增加成功的概率。表白成功可以收获爱情，表白失败可以获得成长。

被好朋友表白
是接受还是拒绝？

前几年有一部经典的朋友变恋人的电视剧《我可能不会爱你》，剧里讲述了程又青和李大仁这一对挚友在各自经历了分分合合后，发现最爱的仍是彼此的故事。艺术源于生活，现实中，也有很多朋友相处久了，慢慢就发展成了恋人的关系，也就是"朋友型恋人"。但是，当被好朋友表白时，我们更需要谨慎考虑，想一想自己是否做好了朋友变成恋人的准备。

！为何要慎重考虑
好朋友的表白呢？

心理学家西格蒙德·弗洛伊德（Sigmund Freud）最初提出"自我"的概念，是指自己有意识地执行思考、感觉、判断或记忆的部分。我们每个人的自我都不是一个已经存在的实体，而是在与他人互动的过程中才产生的。因此，自我依赖于不同的关系所表现出的不同形态。

在朋友与恋人两种关系中，自我也表现出不同的状态：如果彼此是朋友关系，那么可以在一起很亲密，也可以很久不联系，但是有事情时给对方打一个电话，对方一定第一时间给予你帮助。但如果彼此是恋人关系，则有着一份对彼此的承诺和排他性，甚至有些恋人会对伴侣提出更多的要求，这远不是朋友之间需要履行的义务。

因此，如果被好朋友表白，一定要先问清楚自己：我是否已经准备好完成这两种关系的转换？

被好朋友表白
后的两种可能

下面，我们探讨以下两种可能性。

1. 我已经做好了这种准备，欣然接受这份表白。你需要告诉自己，一旦你们的关系变成了恋人，对方的"你的好朋友"的身份将消失。一向洒脱、随意的女生可能变成控制欲很强的"吃醋王"，曾经率性、憨厚的男生可能变成不解风情的人。但这不等于对方彻底变得不一样了，而是对你有了不同的需求和反应模式。面对这些新的需求和反应模式，你们将有一个新的开始，新的磨合期。这就像一次美妙的探险，一起开始一段奇幻的旅程后就会找到更合适的相处之道。

2. 没有准备好应对这种变化，拒绝这份表白。当然，这也不能怪自己，不需要给自己一些道德上的枷锁，感觉没有让好朋友满意而自责，要知道我们每个人都有自由选择的权利。对方有表白的权利，你自然也有接受或拒绝的权利。那么要如何合理体面地拒绝对方的表白呢？

首先，承认和对方做朋友的舒适状态。做不成恋人不等于要否定彼此做朋友的合拍。告诉对方："我和你在一起可以很自在，可以谈笑风生，有很多话题，彼此会有很多帮助，这些都是我珍惜的部分。"这些表达都会强化你们作为朋友这种关系的愉悦性，给对方一个把握的空间，也对你们这段朋友关系给予肯定。

其次，准确表达自己的态度和感受，而非善意的谎言或沉默。真诚地告诉对方，你拒绝对方的原因。有可能是你觉得彼此没有那种心动的感觉，有可能是你现在还不想发展这样一段关系，也有可能是你还不确定自己对对方真实的想法。不管理由是什么，都要如实告诉对方你的那些感受，真诚而直接的表达，虽然会让被拒绝的一方当下有些沮丧，但会增加你们继续维持友谊的可能性。如果含蓄地拒绝或保持沉默，抱着一种模棱两可的态度，对彼此都是一种消耗，也是对你们之间原有感情的不尊重。

被好朋友表白后的两种可能

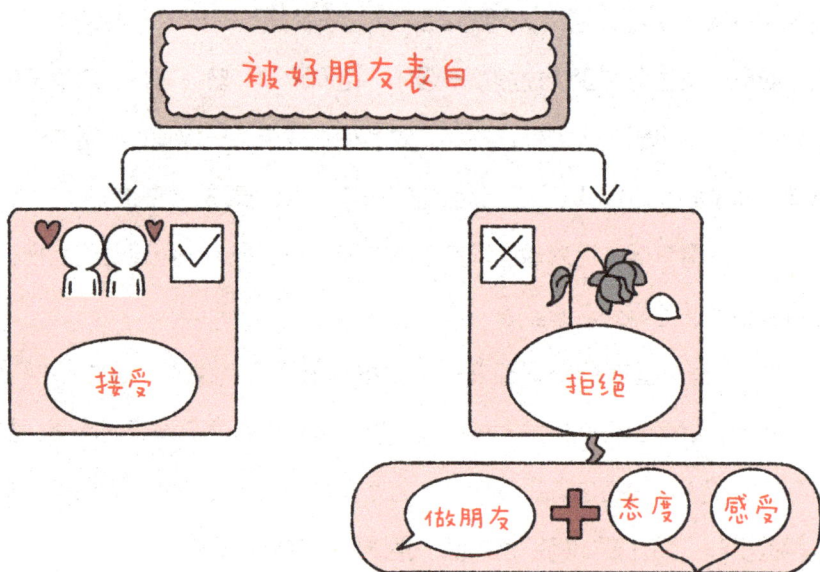

END WORDS

结语

● 电视剧中朋友型恋人间的美好结局令人向往，你与异性好友间的轻松氛围也是美好的，但是能不能在朋友通往恋人关系的转化中保留这种美好，取决于我们面对对方表白时，能否真实地面对自己的内心。

06 表白被拒绝 如何调整心态?

　　曾经有这样一则新闻：一名20多岁的男子小卢给心仪的女孩子送花表白，求交往，结果惨遭拒绝。小卢喝了酒后，走到钱塘江边，越想越郁闷，头脑一热翻过围栏，跳入了钱塘江，还好随后被警察救起，生命暂时没有大碍。除此之外，还有发"520红包"表白被拒绝、在宿舍楼下摆爱心蜡烛表白被拒绝、拉横幅表白被拒绝等新闻。这些新闻看上去有些极端，但是不得不承认，表白被拒绝的确是一种高概率的事，毕竟人遇到真爱的概率比中大奖还要低。

！表白被拒绝 的痛苦

　　在心理咨询的过程中，我遇到过很多来访者，他们表白被拒绝后不是因为被拒绝而痛苦，而是他们不合理的信念。通常他们会有以下几种不合理的信念。

　　1. 对方拒绝了我是因为我不够好。被拒绝时，很多人都会陷入这样一个自我否定的思维模式：是我这个人没有办法吸引对方，因为我身上没有什么闪光点，不然对方不会这么果断、直接地拒绝我。这是一种以偏概全的认知模式。我们需要明确：表白被拒绝只是说明，可能在对方看来你们的关系目前还不适合发展成为恋人，或者因为一些其他原因，这种不适合没有所谓的好与坏对与错之分，自然也不能说明你这个人缺乏闪光点或不够好。

2. 我是不值得被爱的。很多人将自己的感情被拒绝等同于"我是不值得被爱的"。先换位思考一下，你会爱你身边的每一个异性吗？答案显然是"不会"。那么是因为他们不值得被爱吗？当然不是，只是他们身上没有很好的吸引你的点，让你愿意与对方发展一段更为亲密的关系而已。同样的道理也适用于自己表白被拒。

3. 我再也找不到真爱了。很多人表白被拒绝后会对自己以后的感情保持一种全面否定的状态，认为自己无法再找到真爱了。这在一定程度上是一种自我保护模式，通过这种防御的姿态保护自己在一定时间内免受创伤。当我

表白被拒绝后的痛苦

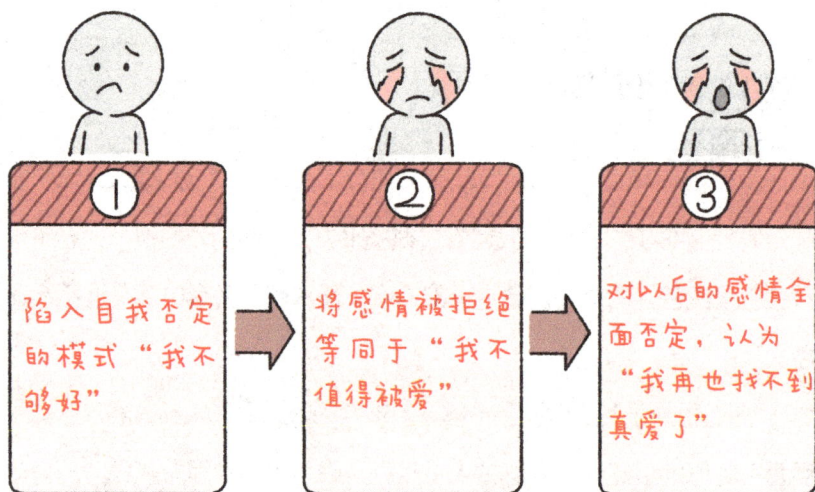

陷入自我否定的模式"我不够好"　→　将感情被拒绝等同于"我不值得被爱"　→　对以后的感情全面否定，认为"我再也找不到真爱了"

们有这种念头时，先提醒自己慢下来，不妨先给自己一段时间，让自己在心理上有一个缓冲期。当度过了这个缓冲期时，才有足够的精力和能量去追求新的感情。

❗ 表白被拒绝后行为上 如何做才更妥当呢？

如果你可以很乐观地告诉自己"太好了，我又排除了一个不适合自己的人"，然后快速开启新生活，那么恭喜你，因为你有着强大的自我疗愈的能力。与此同时，如果你陷在被拒绝的情绪中很久不能释怀，不妨尝试通过仪式化的行为向这段感情做一个告别。

仪式感是一种很神奇而普遍的存在，不可小视。《小王子》中的狐狸说："仪式就是为了使某一天与其他日子不同，使某一时刻与其他时刻不同。"

具体我们可以尝试这样做：准备两把椅子，先将两把椅子面对面，保持一定的距离，而后自己先坐在其中一把椅子上，想象那个让你伤心的人就坐在对面。你可以将所有想要对那个人说的话说出来，好好去感觉自己的感受，将自己所有的心里话，以前说过的和一直压抑着没有说的都统统说出来，而"他"正安静地坐在你的对面聆听。

在倾诉的过程中，想哭时不要压抑，就让自己好好哭一场。等你将自己想要说的都说出来后，你要换位置，坐到对面的椅子上，将自己当作是对方，看着"坐在对面的自己"，而后就刚才听到的倾诉来做回应。

这种行为是心理学中的"空椅技术"，使个体通过两种角色的自我对话表达内心想法，趋于平和。在表达过程中，尽可能做到放松和感性。通过这样的表达，告诉对方"我愿意放下你，继续前行。"告诉自己"我拥有寻找幸福的资格，我是值得被爱的。"

空椅技术

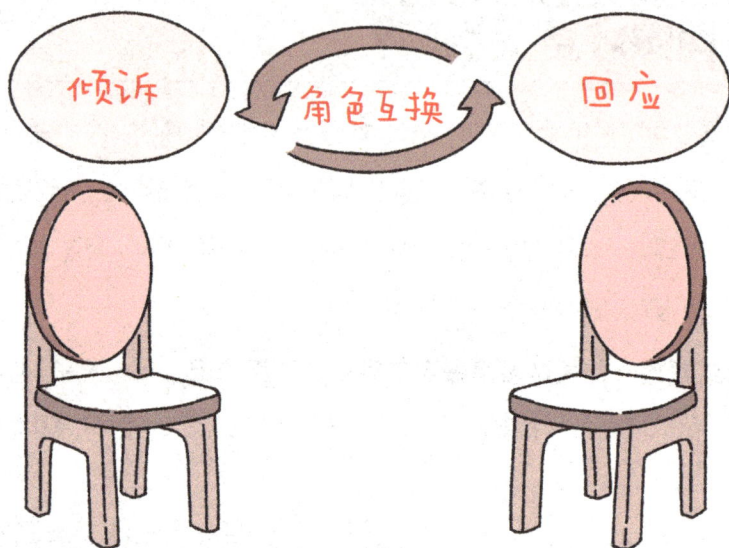

倾诉　　角色互换　　回应

END WORDS

结语

● 表白被拒绝是正常的情况，被拒绝后先不要着急指责自己哪里不够好，而是允许自己体验那些负面情绪。等自己的情绪得到缓解后，记得和这段未开始的恋情做一个仪式化的告别。

07 确认关系后如何摆脱无话可说的尴尬期？

小林和小希是通过相亲认识的，现在处于刚刚确立恋爱关系后的交往阶段。在确定男女朋友关系前，两个人相处得还算愉快，但是发现在一起后聊天的话题反而减少了。彼此多了一份小心翼翼和试探，担心说什么或做什么会让对方不开心，本来都觉得自己是一个很能聊的人，但是在这段关系中却越来越质疑这一点，使两人的交流变得有点儿尴尬。

！确认关系后为什么会有相处尴尬期呢？

认知失调理论是1957年由心理学家利昂·费斯汀格（Leon Festinger）在《认知失调论》一书中提出的。认知失调论的基本要义为：当个体面对新情境必须表示自身的态度时，个体在心理上将出现新的认知、新的理解，与旧的认知、旧的信念产生相互冲突的状况。

为了消除这种因为认知失调而带来的紧张不适感，个体在心理上倾向于采用以下两种方式进行自我调适。其一，对于新认知予以否认或回避；其二，寻求更多新认知的信息，提升新认知的可信度，借以彻底取代旧认知，从而获得心理平衡。

　　那么当两个人刚刚发展成恋人关系时，对彼此而言这是一种新的关系，面对的是新的情境，这就要求彼此要重新选择应对方式，来处理两个人的关系，在这个过程中，很容易出现和原有经验或行为模式相冲突的情况。比如，当你们不是恋人关系时，可以随意表达自己对其他异性的好感，一旦确定了恋人关系，你们的认知就会发生调整，认为这种对其他异性的好感是不适合表达的，这个话题需要适可而止，以防引起误会。

确认关系后的尴尬

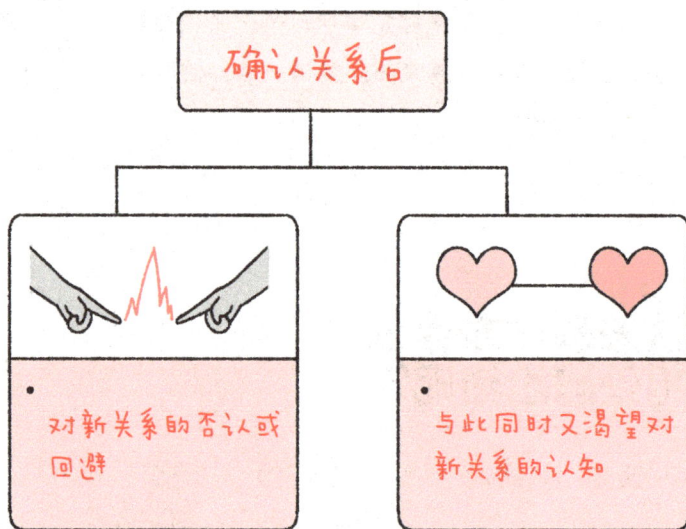

确认关系后

・对新关系的否认或回避

・与此同时又渴望对新关系的认知

！如何缓解恋人关系建立初期的尴尬呢？

　　第一，逐步开始自我暴露，提升关系中的安全感。

　　自我暴露是指个体在与他人交往时，自愿在他人面前真实地展示自己的行为，倾诉自己思想的行为。**通俗地说，就是将"真实的自己"告诉别**

人的过程，自我暴露的程度与亲密感密切相关。

关系建立初期往往会"摸着石头过河"，彼此试探的阶段。两个人会担心自己莫名其妙踩到对方的痛点而小心翼翼、紧张兮兮，因此，不妨先试着透露一些个人的信息：如兴趣爱好、观点立场等。在这个过程中记得遵循"小步骤暴露"的原则，表达自己的观点后，看对方的反应，然后再决定要不要进一步探讨这个话题，切忌滔滔不绝说个没完，变成一个人的独角戏。

第二，通过重复对方的观点找到彼此的共同点。

当你不知道如何找到共同话题时，试着重复对方的观点，这会让对方感受到你的支持和认同，对方就会有一种满足感，同时会提升对你的好感。

缓解恋爱初期尴尬

② 找到共同点

① 自我暴露

③ 轻松的话题

在一段亲密关系中，我们最需要的其实并不是有多少话题可以聊，而是聊天时感受到多少共鸣，得到对方多少认可。认识到了这一点后，就会发现，你重复的不仅是对对方的肯定，也是对你们这段关系的肯定。

第三，寻找轻松的话题，避免沉重的话题。

千万不要在恋爱初期就去问人家谈过几个朋友，为什么分手，你以为这会促进了解，其实只会让彼此都很尴尬，甚至断了进一步发展的可能性。因为我们每一个人都有自己的私人空间，都不愿意被他人侵犯，而且人们都有一套自己独有的自我保护和防御机制。美食、电影、工作行业、旅行经历这些都是不错的话题选择。而且在这些话题的探讨中，对方是放松的状态，这样你会对对方有更加全面的了解。

! END WORDS

结语

● 在和恋爱对象的互动中，很重要的一件事就是要对对方的行为有及时的察觉，并做出适合的反应。我们要让对方知道，他（她）的反应在被关注着，他（她）是在被关心着的，这样才能顺利摆脱交往初期的尴尬。

第 **3** 章

陷入爱情
不知所措

友情和爱情的共同点与界限是什么？

泰戈尔曾经说："友情和爱情之间的区别在于，友情意味着两个人和世界，然而爱情意味着两个人就是世界。在友情中一加一等于二；在爱情中一加一还是一。由此可见，爱情和友情存在着很多差异，以至于"朋友式伴侣"在由朋友过渡到恋人时需要一段适应期，来改变和调整两人的相处模式。

❗爱情和友情的共同点

友情和爱情的差异性会让很多朋友式伴侣抓狂，可能会有一种以前做朋友好像更好一些，现在变成恋人反而有一种束手束脚的感觉。即便如此，爱情和友情之间还是有着以下几点共同因素。

1. 亲密感。亲密感来源于个体的自我暴露。当个体向对方呈现出信任关系时，自我暴露水平就会增多。爱情相比友情，变成了一对一的互动，对方在内心的比重上升，亲密水平也会比之前在友情阶段更加有所提升。

2. 吸引力。被某人吸引的感觉是爱情标志，但它并不是绝对的，朋友的相互吸引对于友情而言也很重要。心理学家罗伯特·J.斯滕伯格指出，长期的友谊会带来许多渴求和思念的情感体验，这类体验也是吸引力的典型表现，这与情侣之间的吸引力并没有特别的不同，只是相比之下，爱情的吸引力更强，更具有"我的眼里只有你"的光环效应。

3. 支持。提供支持在友情和爱情里对一个人都有重要的滋养作用，我们通过建立这种互相支持的关系，感受到积极生活的动力，提升了自身的幸福感，对个体成长也有着积极的意义。

爱情和友情的共同点

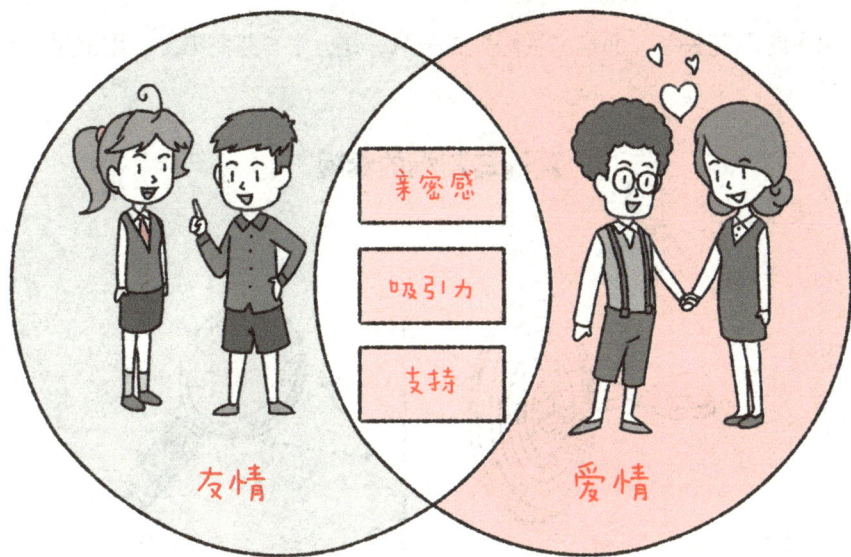

亲密感

吸引力

支持

友情

爱情

！爱情与友情的 界限

除了共同点，爱情和友情也有着明确的界限。下面，我们就一起来看一看，到底你们之间是爱情合适还是友情更合适。

1. 目标的一致性。情侣与朋友的区别在于两人未来的方向是否一致。情侣们会倾向于选择一个相似的未来，随后他们会彼此分享许多他们能够承诺的对这个共同未来的期待（如双方在性别角色、要不要孩子、消费习惯等方面的观念）。这些共有的观念不是友谊成立的前提条件，却可以对爱情关系造成巨大影响。

2. 关注彼此的深度。当涉及一起度过的时间、双方对彼此的在意时，爱情关系中对彼此关注的深度就胜过友谊了。因为恋人们会不自觉地将双方的生活交织在一起，因此会更多地依赖对方，比如，买东西时会考虑对方的喜好，出去玩会随时都腻在一起，会有关于未来的共同设想。两个人不再是"我和你"的关系，而是"我们"的关系，是一个"共同体"。也就是说，

爱情与友情的界限

1. 目标的一致性　　2. 关注彼此的深度

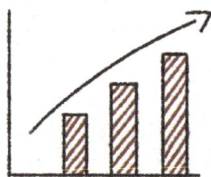

3. 对伴侣更多理想化的期待　　4. 承诺

爱情更多的是追求深度，而友情则是相似点的广度。

3. 对伴侣更多理想化的期待。在爱情关系中，个体会不自觉地将爱人放在一个理想化的位置，对对方的期待值会增高。比如，期待对方对自己无条件地积极关注，期待自己的需求在第一时间被对方看到和满足，同时他们也期望伴侣对他们的行为、技能、观念等方面给予高评价。这些积极期待是健康的，同时也帮助区分了友情与爱情，因为我们会对朋友有更多的更实际的评价而不是过高的理想评价。举个例子，如果一个朋友和你约见迟到时，你可能会理解对方可能是因为堵车或临时有事脱不了身；但如果爱人迟到，就可能会造成你情绪失控，甚至会控诉对方："你就是不在乎我了。"

4. 承诺。和友情相比，爱情更注重一个唯一性的承诺。承诺意味着一段关系的稳定性，这也解释了为什么很多人热衷于不停地问爱人"你爱不爱我"的问题，其实他（她）要的只是感受到这段关系的稳定性。

END WORDS

结语

● 了解了爱情与友情的相似点和界限后，会更加有能力判断两人目前有没有完成友情向爱情的过渡和转变，也会更加有希望共同努力将"我和你"变成"我们"。

02 恋爱中的私人空间如何拿捏？

　　我们的身边不乏有一些这样的朋友，他们恋爱后，另一半就成了自己生活的全部。他们会开车几小时到对方的单位，就为了见对方一面。会在周末尽可能和伴侣在一起，每天晚上联系更是必修课。但是，当和另一半意见不一致时，他们大多都是沉默或附和，不辩解。他们以为这样就可以早日奔赴婚姻，可是有一天对方却突然告诉他们："我们分手吧，你很好，但是我和你在一起很压抑，感觉没有私人的空间，我实在受不了了。"对于这种突如其来的分手，大多是因为在恋爱中，彼此不注重界限的缘故。

❗恋爱关系中界限的重要性

　　在恋爱关系中，情侣往往缺乏界限。**在心理层面，界限是将自己与他人视为不同个体的认知，因为这种不同感，所以每个人都具有独特且独立的身份。在情感关系里，界限更是重中之重。**我们需要区别什么是自己的情绪与伴侣的情绪；什么是自己想要的与伴侣想要的。一个没有界限的人是混乱的，很容易将别人需要承担的责任变成自己的；对对方过度掌控或顺从；因为想要改变别人却未成功而感到无力和沮丧。一个缺乏界限的人，终将失去自我，失去自己的私人空间，最终会失去自己的幸福与快乐。

亲密关系中的界限

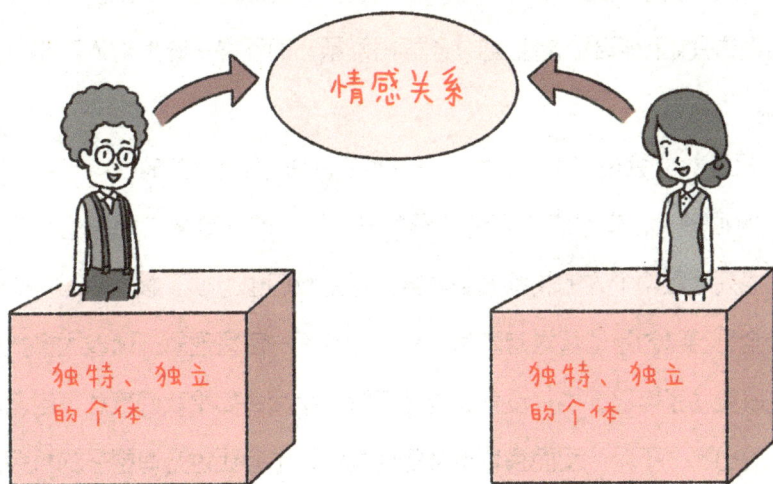

！恋爱中私人空间的拿捏

　　如何在恋爱中恰当拿捏私人空间，处理好与伴侣的关系呢？下面，有3个建议提供给大家。

　　第一，和伴侣相处时，学会清晰地表达自己。

　　自我防御这个概念最初由弗洛伊德提出，是指在我们面对可能的威胁和伤害时所采取的一系列反应机制，来缓和或消除不安和痛苦。它包括否认、压抑、合理化等表现形式。比如，当恋人说了让我们不高兴的事情时，我们就会进入到一种防御状态，进而两个人会因为观点不一致而争吵，而面对这种会让双方都不适并且没有解决问题效果的争吵，明确地觉察和清晰地表达会是很好的解决办法。

　　比如，当面对因为我们戒烟不成功而一直不厌其烦念叨的伴侣时，如果你觉察到这种念叨让你很不高兴，就可以说："请不要提醒我，说我总是戒烟失败，我是真的想成功戒烟，但同时我需要你的有效帮助。"这样的觉察和表达会让你们更加轻松地共同面对问题，而不是一味地进入互相抗拒的状态。

第二，学会说"不"，拒绝一味地委曲求全迎合对方。

对很多人，向喜欢的人说"不"是一件困难的事情，因为他们认为这种拒绝会导致两个人的关系受到损害。可是我们也必须了解，有时一味地委曲求全，自以为是地替对方着想，对方却并不一定会理解。所以大多数结果都是既委屈了自己，也并没有让对方满意。相反，如果我们表达了自己的需要，说出了"不"，反而会有更多的可能性，也会让对方有更多的机会去了解你。

例如，对方想要看电影，而你想要逛街，那么可以明确地告诉对方"我更想先逛个街，然后去看电影，你觉得怎么样呢？"

这样的沟通，是情侣之间感情升温的表达。如果对方因为你明确表

恋爱中私人空间的拿捏

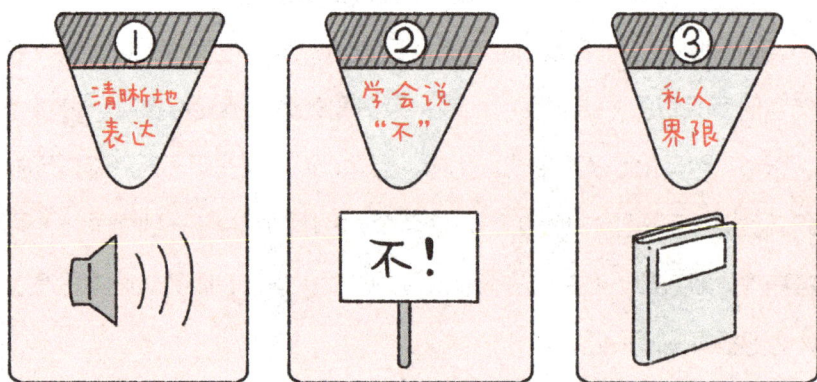

① 清晰地表达

② 学会说"不"

③ 私人界限

达自己的需要而觉得不能接受，甚至觉得"天呐，你怎么不按照我的想法来"，那么或许是该进一步审视这段关系中彼此的位置了。

第三，了解那些你不喜欢伴侣做的事情，也就是你在意的那些私人界限。具体可以这样做：

首先，列出不想让伴侣做的事。例如，不希望对方抽烟，不喜欢对方喷浓烈的香水，或者在你身边喋喋不休地抱怨，也不喜欢对方粗鲁地对待你，忽视你，或将一堆事情推给你一个人做。

其次，列出你每周需要独处的时间，需要独处完成的事情。可能是某一天你需要独自参加一个活动，或者约个老朋友去逛街。

最后，列出伴侣不能再对你说或谈论的事。例如，随意地评价你的父母，或者调侃你的体型。

你列出的这些事情就是你在意的界限，就是你需要掌控和维护的私人空间。找一个合适的机会明确告诉对方你的这些想法，这并非将对方推远，而是在告诉对方：我有我的界限，你也需要有你的空间，这样我们才能够更加愉快地相处，共同成长。

END WORDS

结语

● 每个人都需要自己的私人空间，才能在繁忙的生活与工作中得到一刻的喘息。恋爱中尊重彼此的私人空间，会让彼此的相处更加愉快和顺利。

恋爱了为什么却觉得心里压抑难受？

小浩恋爱了。女朋友和他从朋友关系开始接触，慢慢发展为恋人，一切都是水到渠成。可是谈了恋爱没多久，问题就来了。为了表示对女朋友的爱和关心，小浩每天早晚都会给她发"早安""晚安"的信息，发完还嘱咐对方一句"你累了就不用回复"；吃饭时也总想着女友爱吃什么不爱吃什么；还变着花样准备惊喜给对方，要么写一些含情脉脉的文字，要么在某一天出其不意地给对方一个惊喜。看上去他为这段感情投入了很多心血，且女朋友也很满意。可是一天天下来，小浩却越发觉得心里压抑，难受和不开心。

小浩的行为表现和大多数陷入爱情里的人所雷同：爱人成了自己的全世界，对方微微一笑会让你觉得全世界都亮了，对方微微一皱眉你就会忍不住担忧是不是哪里出了问题。你愿意为这段感情做很多事情，可是这些并没有让你觉得开心和放松，时间久了内心反而会有一种隐隐的不安甚至压抑难受。

！爱情中沉没成本的不同效用

消极效用

经济学中有个词叫"沉没成本"，可以理解为用在某一件事情上的不可回收的支出，包括时间、金钱、感情等，就好像是泼出去的水，说出去的话，终究难以回收。爱情中也存在着沉没成本。一个人为一段感情付出得越多，爱情中的沉没成本也就越高，所以也会进一步将这段感情抓得越牢、越用力，自己也会越来越疲惫。

一般来说，沉没成本不应该影响以后的决策。物质和精力的付出都成了"泼出去的水"，既然收不回来了，就不要过多思虑，关注当下才是最重要的。但现实是，恋爱中的人们经常陷入沉没成本的泥潭里不能自拔。

比如，最近你和伴侣关系不好，觉得对方不够关心你。你尝试通过抱怨让对方多关心你，但是没有什么效果，于是你改变了策略——开始为对方多

沉没成本的消极作用

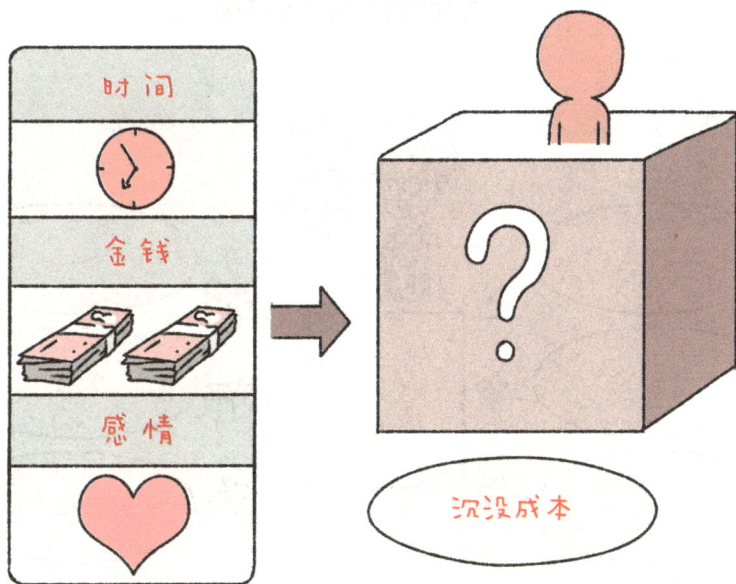

时间

金钱

感情

沉没成本

做一些事情。你尽自己最大的努力给对方空间不去干涉对方，然而对方就像是一块石头，没有明显的变化。理性告诉你不应该再这样付出了，要过好自己的生活。可是因为爱情中沉没成本的原因，你又会纠结：我已经付出这么多了，要是现在放弃岂不是以前的努力全部浪费了！慢慢地付出越多就越不平衡，不开心，在感情中会感觉越来越耗损自己。

积极效用

在恋爱中，沉没成本会让彼此越走越近。**因为只有两个人都在增加自己的成本投入，沉没成本的心理作用才会让两个人更持久地在一起。**也就是说，如果在恋爱中并非单方面的付出，而是双方都为了这段关系做过努力，两个人就会都有一种想法：我在这个人身上投入了这么多，就这样一直走下去也是不错的。

沉没成本的积极作用

恋爱中觉得心里压抑怎么办?

当你觉得爱情让你压抑难过时,首先问问自己:是不是这段感情有些不平衡了?我是不是觉得自己付出得多但对方却无动于衷?注意,这里说的是你的感觉,并不一定是真实情况!有可能你觉得自己付出得多的同时,对方也觉得自己付出得多。

然后,为了减少这种认知偏差,你们需要聊一聊。各自为了这段感情做了哪些事情?其中哪些是让对方舒适的?哪些是让对方觉得有负担的?哪些是你做了以后并不开心的?那些不开心的负担就是你们需要及时消除的沉没成本。

最后,要告诉自己也告诉对方:好的感情,是爱上对方本来的样子,而非将对方变成自己喜欢的样子。

END WORDS

结语

● 除去必要的磨合,在爱情中我们不需要刻意为了取悦对方或挽留这段关系而做一些事情,因为那些事情除了让我们心里不平衡,还会增加单方面的爱情沉没成本。

为什么会忍不住去嫉妒恋人的前任?

小敏因为感情问题找心理咨询,她的男朋友对她忽冷忽热,关系好时感觉自己被"宠上天",关系不好时觉得对方就是一块"千年寒冰"。小敏经常觉得没有安全感,不停地追问对方喜不喜欢自己,还时不时地追问男朋友的前任的事情。

后来不知道什么原因,她找到了男朋友的前任的微博,于是一发不可收拾每天去看对方的微博更新。男朋友的前任更新,她会忍不住吐槽一番,男朋友的前任几天不更新了,按理说小敏应该少关注对方一些,可是实际情况是等待的心情更迫切了。她很茫然也很痛苦,虽然明明知道男朋友与其前任之间不可能了,却依然没有办法不去关注男朋友的前任。她自己也不知道到底在嫉妒那个女孩的什么。同时她也一边反省自己:"我为什么要嫉妒她,她什么都不如我,现在我男朋友爱的是我不是她,我才没有嫉妒她。"只是话音越来越弱。

❗ 为什么承认嫉妒伴侣的前任是一件很难的事情呢?

伴侣的前任比较特殊,他们在一定意义上和我们有一种竞争关系。承认嫉妒伴侣的前任意味着承认在某一段时间,你的伴侣被对方吸引,甚至有过一段不错的关系。你明明知道这是事实,但是对这段事实无法做出任何改变。

　　我们无法抹掉伴侣的回忆，只会让自己陷入复杂的情绪中：不自觉地对自己在伴侣心中独一无二的地位产生怀疑，为他们曾经拥有的美好过往而羡慕和气愤，对目前你们相处出现的问题耿耿于怀和不安。

　　这些复杂的情绪推动着我们带着好奇心去窥视伴侣的前任的信息，看似是去找寻对方哪里不如自己的蛛丝马迹以寻求内心的平衡，但实际上内心已经承认自己的某些方面不如对方。

　　为什么我们会嫉妒伴侣的前任呢？

　　首先，是对现阶段亲密关系的不满意。不可否认，我们在亲密关系乃至所有人际关系中都是渴望在对方身上寻找自己需要的东西。你缺乏安全感，所以希望对方给你足够的关注；你缺乏认可，所以会渴望对方给予充分

忍不住嫉妒恋人的前任的原因

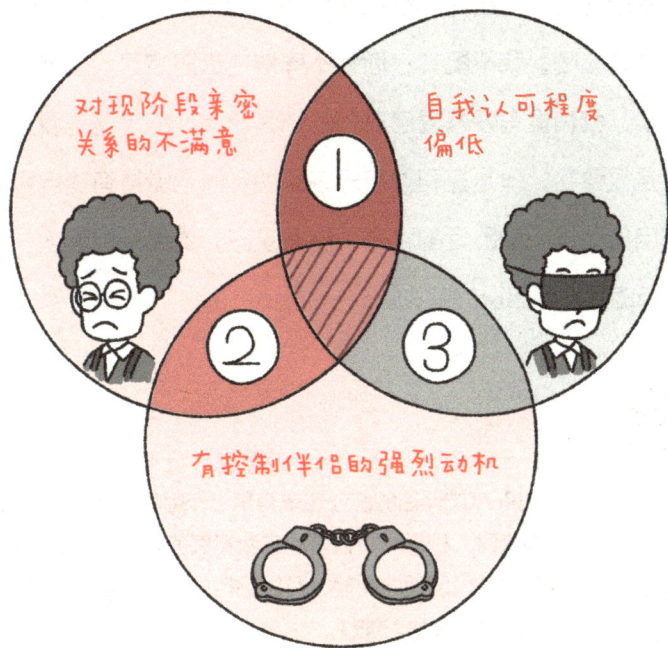

对现阶段亲密关系的不满意

自我认可程度偏低

有控制伴侣的强烈动机

的支持和肯定；你缺乏自己的时间和空间，所以会期待保持一定的距离。如果目前的伴侣没有很好地满足你的需求，就会对现阶段的关系产生不满意的情绪。

其次，有控制伴侣的强烈动机。"我不仅要他的人还要他的心，我不仅要他的心还要他心里只有我。"带着这样的动机，你会不自觉拿伴侣对你的态度和对待前任的态度做比较，得出的结论是"你对我不如对她好"；你会不断去要求伴侣彻底和前任甚至和其他异性斩断联系，以为这样就可以保证你独一无二的地位。

最后，也是关键的一点，就是自我认可程度偏低，缺乏对自身的关爱。**在一段亲密关系中，我们很容易陷入一个误区：渴望对方用关爱补足自己的缺失。**很多来访者告诉我"我真的很爱他，我做的一切都是为了他好。"可是，你有没有想过，你有没有很好地爱自己呢？你会为伴侣买很贵重的生日礼物，自己却纠结很久放弃给自己买一支口红，内心有一个声音喊道"算了吧，我不配"；你会不停地告诉对方"我爱你"却从来没有问过自己"我有没有好好爱自己"；你会逢人介绍"这是我男（女）朋友，是不是很棒"，但是在和对方出去见朋友时老觉得有些自卑。这些都会让我们自身处于一种匮乏的状态而自我攻击，最终只能陷入一个误区：渴望用对方的爱补足自己的缺失。

END WORDS

结语

● 好在嫉妒伴侣的前任也是有积极作用的。当我们承认这样一种情绪时，也是一个很好的自我觉察的机会，它让我们直面和伴侣现阶段出现的问题，及时进行良性的修复，使亲密关系有更进一步发展的可能性。

如何高效地 吵架？

很多人都有这样一种经历："那天我实在是憋不住了，跟男（女）朋友吵了一架，结果沟通到了，事情反而变好了。"从这里不难看出，吵架也是一种沟通的方式。一般情况下，我们讨论的吵架，是指关系中的双方，当发生激烈冲突时，带着强烈情绪的沟通。同时，广义的吵架包含了一方对另一方的抱怨、指责，甚至是冷暴力，等等。

！当我们吵架时，我们是用什么在吵？

吵架的"工具"不限于言语，还常会用到非言语的"工具"，包含情绪、表情和行为上的"工具"。

情绪：吵架是一种饱含情绪、情感的行为，最常见的情绪就是愤怒，但其实愤怒背后还掩盖着很多其他的负面情绪，如失落、失望、委屈、伤心等。

表情：包括面部表情、身体表情和言语表情。有人说，吵架很"难看"，这里的难看大概包括了表情的狰狞、身体的过激动作，以及难听的话语。

　　行为：吵架后最常见的行为就是生闷气，比如，将房门一关，认为等对方知道自己做错了，对方会过来认错。生闷气的进阶版，就是冷暴力。通过冷漠、轻视、不理不睬、漠不关心等态度对他人在心理和精神上造成伤害。较为常见的表现为：吵架发生分歧时，一方通过拒绝沟通，离家出走，采取忽视对方的存在等方式进行抗争，最终导致问题升级，感情破裂。

吵架的"工具"

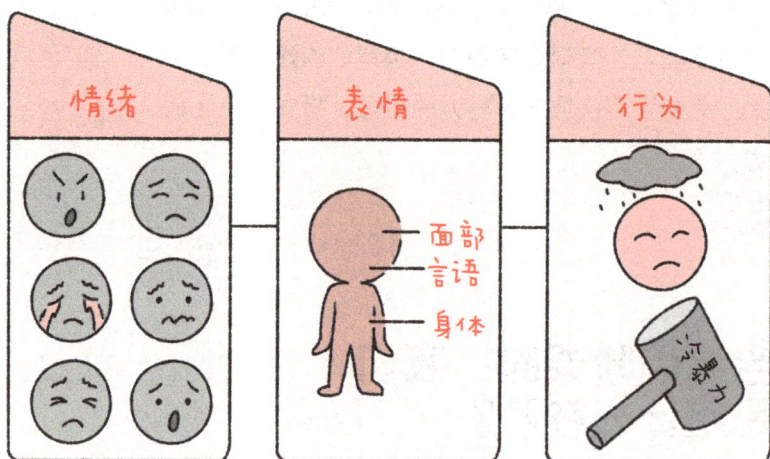

！当我们吵架时，！我们在吵什么？

　　当和爱人争吵时，我们大多会觉得，和对方沟通有一种"鸡同鸭讲"的感觉。确实，当我们站在甲方的位置，确实觉得甲有道理，但是站到乙方的位置时，又觉得乙说得也没错。

　　有这样一个例子：有一对情侣，男生抽烟，女生不想让男生抽烟。当他们就抽烟的事情争吵时，女生说："不要抽烟了，抽烟有害健康。"男生也委屈："我每天工作压力那么大，就抽烟还能放松一下，抽几根烟怎么了？！"

这样乍一看，好像双方说得都有道理。既然双方都是有道理的，那么大家在吵什么呢？

听得多了不难发现，吵架时，女生是站在事实层面，而男生则站在了情感层面。各自占据一个层面去吵架，这个吵架就无法有沟通的效果。唯一起到的作用，就是发泄了自己的情绪而已。这样的吵架只是单向的输出，而不是有效互动地交流。

！优雅高效的吵架"工具"

如何做到优雅、高效地吵架？下面，我们就学习用到以下两种优雅吵架的"工具"。

工具一："共情"倾听

优雅的吵架与有效的沟通离不开好的倾听，而好的倾听就是能够做到"共情"这个重点。所谓"共情"，其实就是"设身处地"和"感同身受"，当我们倾听时，将自己放在对方的立场上来听。

具体我们可以尝试从以下这3个阶段开始，逐步练习共情倾听。

非言语的接纳：原地不动、注视、微笑。

基本共情的回应："哦""嗯""真的？""是这样啊"。

较高级共情的回应："给我讲一讲？""愿意多说一些吗？""我很愿意听你多说一些"。

工具二：真诚表达

当我们能够很好地倾听对方的想法时，我们还需要能够很好地表达自己的看法，才能形成一个双向沟通的过程。我们经常以为自己说的是事实，其实那些都已经经过了评判的渲染。而真正客观、真诚的表达，包含的是：描述事件的状况、描述"我"的感受、客观描述事件可能造成的后果。

试着以"我"来开始表达吧。

读一读下面几句话，会发现如果将一样的内容，以不一样的表达方法，就会有不一样的感受。

"你不应该这样和我说话，这很伤害我的感受。""当你和我大喊大叫时，我很生气。"

"你连上班都不想去，那你还能做成什么事？""当你说不想去上班时，我很担心。"

END WORDS

结语

● 当吵架时做到了"共情"倾听和真诚表达，使每次争吵都能做到优雅而高效，问题会迎刃而解。

如何有效地安慰他人？

06

当我们的苦闷无法自己消解时，都想找一个人倾诉安慰。这个人多数情况下是我们的伴侣或朋友。可有时我们吐完心中的苦闷，得到的回应可能却只是"多喝点儿热水"这样无关痛痒，甚至还让心里更添堵的话。比如，有时你向对方说你头疼，对方却告诉你"我也疼。"有时你告诉对方你感冒发烧了，对方甩过来一句"早就跟你说去看医生你就是不听，活该。"让你觉得委屈加倍，为什么自己要找不痛快。听到这些"安慰"，不仅心情无法变好，还有可能造成二次伤害。

！安慰人的错误打开方式

在介绍如何有效安慰他人前，我们先一起来看一看，以下几种安慰人的错误方式。

1. "比惨"型。争先恐后当弱者，大家惨才是真的惨。

2. "火上浇油"型。归根结底就是"还不是因为你不好"等话语。

3. "没什么大不了"型。你向朋友说："我有抑郁症很难受。"朋友说："什么抑郁症，你就是想太多了，自己不乐观，把抑郁症太当一回事儿了。"

4."求安慰反安慰别人"型。本来想从外界寻求温暖，结果折了翼也要做天使，安慰到最后发现变成了自己安慰别人。

！安慰人反而给人添堵的原因

相信每一个想要安慰他人的人，其出发点都是好的，但有时因为方式不对，反而使善意变得伤人。 为什么会出现这种安慰人反而给人添堵的情况呢？

原因一，"你应该"背后的控制。

当我们安慰人时总是习惯想着"你应该怎样"，看上去是替对方考虑，实际上则是将自己的状态、观点强加在对方身上，以为那就是好的。以自身的角度去主观臆断他人所经历的苦难，轻易地对他人的感受做出片面的猜测和评判，这无疑是伤人的。一个人的痛苦，其实是很难被他人真正感同身受的。安慰者如果能做到不加评判地耐心倾听，就已经是给对方莫大的安慰了。

原因二，忽视了态度远远大于内容。

我们也许有这样的经历：虽然来寻求安慰的人不会真的有颗钉子在头上，但他们遇到的问题在我们眼中常常是显而易见的。人们很容易关注这些"钉子"，急于帮别人将"钉子"拔下来，却忘了考虑当事人的感受。在那种时刻，他们不过是希望被支持、被包容，而不是痛上加痛。

！有效安慰他人的 妙招

　　每个人都有自己想要被安慰的方式，虽然无法给出一个普遍适用的万能的安慰步骤，但却可以给大家几个有效安慰人的建议。

　　一、承认自己的不理解，不要好为人师。

　　当我们不停地给对方建议时，其实是将自己放在一个更高的位置，向下看的。此时你的高高在上会让对方感受不到你的理解。每个人的想法只有自己最清楚，我们没有资格站在一边指点他人的人生和自己都不确定的事情，我们只能坦诚地告诉别人："这个我也不清楚，但我愿意和你一起分担，寻找答案。"这是我们对他人的尊重，也会让对方最大限度愿意向你讲。

　　二、恰当的倾听。

　　曾有句俗语，"之所以人类有两只耳朵一张嘴巴，就是为了让人们多

有效安慰他人的妙招

安慰他人

① 承认自己的不理解　② 恰当的倾听　③ 合理的表达

听少说。"可是很多人忘记了这一点，经常喋喋不休地说，却忽视了听的重要性。

当一个人向你诉说苦闷求安慰时，对方必定付出了很大的勇气，做了很多前期准备才勇敢迈出这一步，先学着听对方讲完。在听的过程中，你会有疑问，但别着急脱口而出，等对方停顿时，可以采用以下方法。

三、合理的表达。

首先，反馈对方的情绪，如"你看上去表情有些凝重，很不开心，是这样吗？"

其次，反馈对方说的内容，重点在于总结对方说的部分，如"你刚才说工作很不顺心，进度有些停滞不前。"

然后，通过引导和重复对方说的关键话语，让对方有更多的表达，如"工作进度有些停滞是为什么呢？"

最后，总结对方的心理感受。

在这个过程中，关键在于尽可能多倾听，并且不要过多评价对方。

END WORDS

结语

● 当他人向你寻求安慰时，先放下那些"你应该"的建议吧，试着先去倾听对方，这样才有可能看见对方的内心需求，才能给对方真正的安慰。

07 恋人之间如何制造更多的亲密感?

很多情侣的认知有一个误区:认为亲密就是两个人每天时刻保持联系,要求对方24小时都处于可以联系的状态,这其实是对亲密片面的看法。

亲密最初的意义是亲近和了解。"亲密"这个概念来自拉丁文的"intimus",意指最内在、最深层、最深邃、最贴近。亲密是一种存在的状态,将自我最深处的部分向他人也向自己展现,没有任何伪装或防卫。所以,亲密是通过自我揭露而呈现的脆弱和了解的状态,而不是经由一般人际关系中的角色和定义而达到的状态。

！如何在恋爱关系中变得更加亲密?

要想在恋爱关系中变得更亲密,首先要保证当下双方都是一个开放的状态。

由于童年经验,人们或许会感觉外界的世界是不安全的,因此会表现出退缩回避而不与对方同在的状态。比如,每天发很多信息问对方的行踪,看上去是尽力保持一种同步的状态,实际上会让人产生回避心理,对你敬而远之。那么如何才能保证双方共同制造更多的亲密感呢?

第一，进行负责任的沟通。

负责任的沟通是发展亲密关系的关键，好的沟通模式也是关系发展的基石。事实上，就一个负责任的人而言，我们的感受、思绪和态度都是由自己决定的。可是，我们却常常被灌输一种想法，认为自己的感受和思想都是别人行为刺激下的产物。

举个例子，你和你的伴侣约好下午6点去看电影，但对方却因为其他的事情耽误了一些时间，没有准时出现在电影院。你因为对方迟到了而指责对方。你觉得自己生气的原因都是因为对方没有时间观念造成的。但其实如果你仔细问对方为什么迟到了，而对方也真诚地给出了答案，可能是接到了需要紧急处理的工作，也可能是下班高峰期堵车的原因而没有及时赶到。这样沟通一下，是不是你就不会那么生气了。因此，当我们都对自己的感受、情绪和态度负责时，我们就会多很多互相理解、包容的机会，这样亲密感也会有所增进。

第二，进行积极对比。

什么是"积极对比"呢？就是拿我们的伴侣与想象中的或真实存在的人做比较，如果伴侣赢了就叫"积极对比"，伴侣输了就叫"消极对比"。

心理学家通过研究那些婚姻维系时间长、婚姻满意度高的夫妻后，得出一个结论：他们将自己的另一半都看得更理想化。比如，如果每次你听完女性朋友对她们另一半的抱怨后，你往往会有"我男朋友真好"或"还好我男朋友不是大男子主义的男人"之类的感觉，那么你男朋友的形象就会在你心里大幅度上升。并且当你将这种感受反馈给他时，他的自我感觉也会良好，对你的"积极对比"也会增加。

积极对比累积的效果，不仅能提升一个人的情感满意度，还可以帮助情侣渡过难关。比如，经济上的危机，婚姻中的压力，等等。而消极对比累积

亲密感的制造

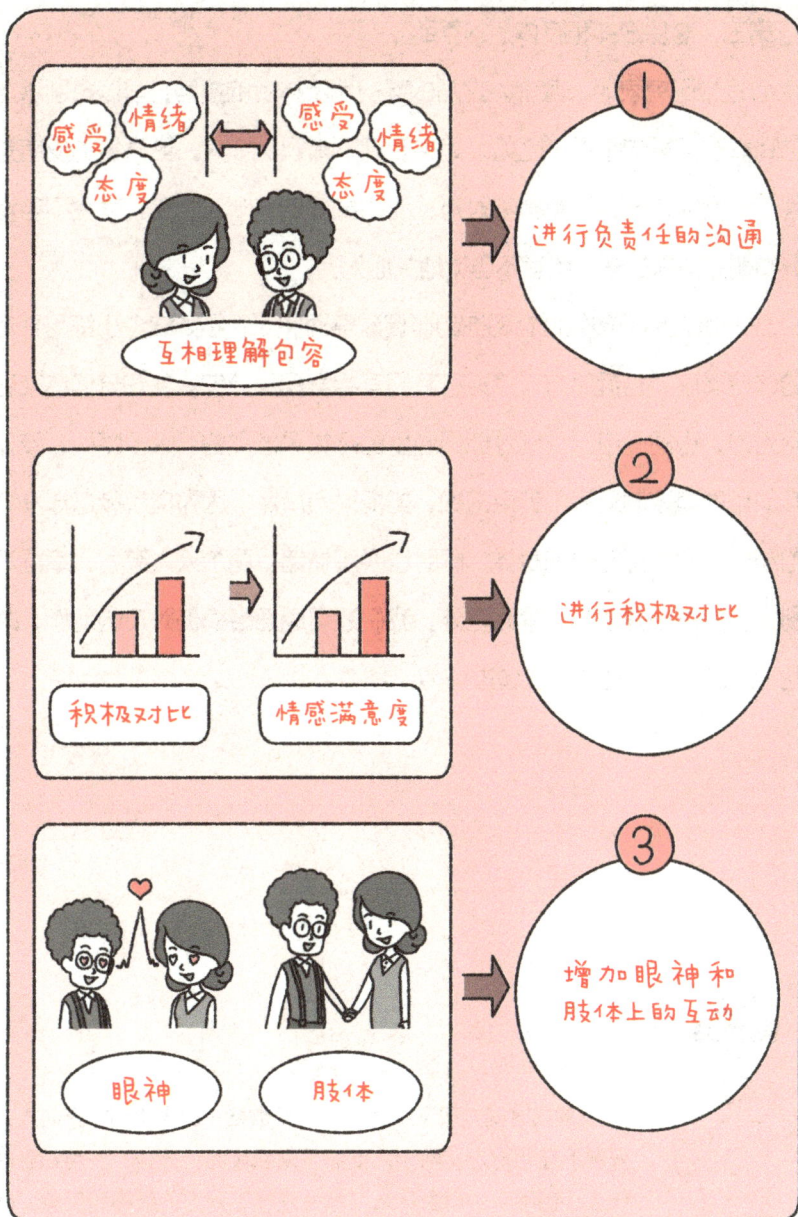

感受 情绪 感受 情绪
态度 态度

互相理解包容

① 进行负责任的沟通

积极对比 情感满意度

② 进行积极对比

眼神 肢体

③ 增加眼神和肢体上的互动

的后果，轻则使情侣间的冲突不断升级，彼此怨恨加深，重则使关系滑向破裂的边缘。

第三，增加眼神和肢体上的互动。

心理学研究表明，两个人之间的凝视和肢体上的接触，可以急剧增加彼此之间喜欢和爱的感觉。比如，如果我们不喜欢一个人，最直接的反应是眼神会不自觉地闪躲，不想看着对方；而如果喜欢一个人，我们就会不自觉地将眼神朝对方瞟过去，或者不自觉地关心对方。

想一想，你有多久没有和你的伴侣深情对望了？不妨做个小练习：走到你的伴侣面前，告诉对方："现在我们互相凝视一分钟。"一分钟结束后，问问对方，也问问自己，刚才你们心里的感觉是怎样的。除了凝视，肢体上的互动也能有效制造很多的亲密感，如挠对方痒痒。因为挠痒痒这样一个小小的动作，会唤醒对方的身体，同时也唤醒情绪。两个人大笑后，幸福感会加剧，亲密感也会增加。除此之外，我们还可以通过模仿对方的动作，感受到两个人的同步，也能有效增进感情。

END WORDS

结语

● 试着找时间，放下所有的压力和烦恼，放下所有的其他人，只剩下你和对方，两个人安静下来看彼此一分钟，不用刻意想什么，也不用刻意说什么，就关注当下对方的眼神和反应，尽情享受那一份独一无二的亲密。

第**4**章

陷入爱情
义无反顾

为什么说陷入爱情的人都是不理智的?

　　小阳和小新以结婚为前提恋爱了。虽然小阳的家人不同意他俩在一起，但小阳还是相信自己的选择，不顾家人的反对，毅然决定和小新继续交往下去。

　　小阳发现自己变得和以前不一样了，以前怎么说也算是新时代女性，上得了厅堂，下得了厨房，写得了代码，杀得了蟑螂，可是陷入爱情后，她发现自己无暇去提升这些技能了，而是处于一种看见小新就两眼放光的状态。这还没完，她还会做一些以前嗤之以鼻的事情，比如，装作不经意查看小新的手机，看他的聊天记录，会因为一点儿蛛丝马迹开始推断他的行踪和联系人，甚至歇斯底里地想要随时都跟着小新，等等。小阳自己都在感慨：为什么陷入爱情的自己会变成这样一个不理智的人？

❗ 不理智的爱与理智的爱

　　陷入热恋的人们沉浸在两个人的世界里，心里眼里全是另一半。如果有人出来干涉或反对这段恋情，他们就会更加奋不顾身地去恋爱，去证明他（她）和另一半是合适的灵魂伴侣。

　　当两个人陷入爱情时，爱得比较深的一方通常会处于比较弱势的地位，也就是处于被动。这也就难免会陷入自我怀疑的认知偏差状态中，主要表现为非黑即白的绝对化思维、以偏概全的片面看法等。受这些认知偏差的影响，有的人在伴侣因为工作或其他原因无暇顾及他（她）时，就会开始担心对方是不是不爱他（她）了，不然对方为什么会与他（她）联系得越来越少。结果就是爱得越来越深，越来越不理智。

很多人一提到理智的爱，总会有点儿鄙夷的味道，觉得爱情本来就不是理智范畴内的事情，还哪里谈得了保持理智去恋爱，这就可能是对理智的爱有点儿误会了。理智的爱，不是说将爱放在天平上，看着对方给了我多少爱，我就还给对方多少爱，也不是表现出那种大无畏的态度：爱一个人就是不求回报地让对方幸福，对方爱不爱我没关系。理智的爱，是理智与情感的互相配合，看到自己真实的需求，同时也看到对方的真实需求，并努力去寻找一条适合两个人的爱情之路。

不理智的爱与理智的爱

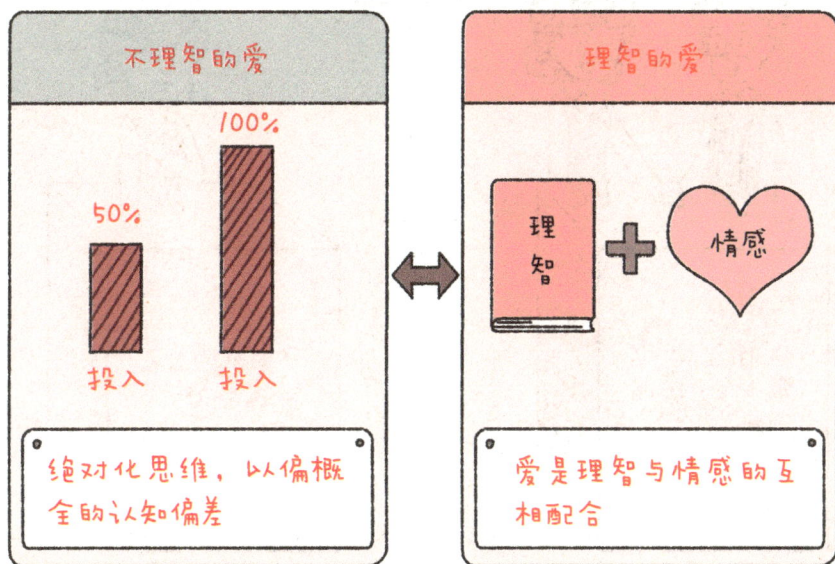

不理智的爱

100%

50%

投入　投入

绝对化思维，以偏概全的认知偏差

理智的爱

理智 ＋ 情感

爱是理智与情感的互相配合

！我们可以用理智的态度在爱情中做点儿什么呢?

第一，学着将自己的需要和对方的需要同步。

当你陷入爱情，迫不及待地想要把心掏出来给对方时，理智会告诉你：先别着急，先看看对方是否需要。在爱情里，如果只是单方面一股脑地冲过去，你拿出的是真心，对方看到的可能却是鲜血淋漓，被你单方面深沉的爱压得喘不过气。因此，我们就需要试着跳出自己的角色，尝试从对方的角度

理智与爱情

理智与爱情

将自己的需要和对方的需要同步

更好地与自己和谐相处

思考问题。

可以问一问自己：做这些事情会让对方更爱我吗？会让我们的感情加深吗？如果答案是否定的，那么先停下来，用一种相对缓和的方式靠近对方。比如，试着将每天问很多遍的"你爱不爱我？"变成给对方一个贴心的拥抱，然后看看对方的反应。对方主动给的和自己拼了命要来的，感觉终究会不一样，要来的东西只会让我们更加质疑对方的真心，而不是让自己真的安心。

第二，更好地与自己和谐相处。

为了避免陷入恋爱的认知偏差状态，与其怀疑对方不爱自己了，不如唤起自己的理智，用理性的态度帮助自己调节情绪、安抚内心、接纳自己，与自己和睦相处。这样才能体察人心，懂得理解他人、体谅他人。这也就少了很多争执，去除了很多对自我的质疑，从而积极发展更多元的自己。

END WORDS

结语

● 说到底，理智的爱让我们更清楚地看到自己想要什么，想要怎样和对方相处，同时也教会彼此如何给对方真正想要的东西。只有保持共同前进才能够让两个人走得更平稳，使爱情的花朵开得更加鲜艳。

在恋爱关系中如何保持自我？

很多恋爱中的男女都曾抱怨，在一起的时间越长，自己却越来越不开心，因为满脑子都是想着自己怎么做对方才会开心。虽然很多情侣的感情一直以来不错，可是一方做什么事情，另一方都会有不满意的地方。从最初出去逛街从来不敢买自己喜欢的物品，因为对方会觉得那些东西没必要，到后来连说话都变得小心翼翼，因为伴侣时不时就会说你这个不对、那个不好。渐渐地，一方总是想办法讨好另一方，让对方满意，但这样做不仅不能换来理想的结果，反而在爱情中失去了自我。

❗ 在恋爱关系中失去自我的原因

美国心理治疗师维吉尼亚·萨提亚（Virginia Satir）认为，人与人之间的沟通有多种类型，包括讨好型、指责型、理智型和表里一致型等。而在恋爱关系中容易失去自我，往往是讨好型沟通姿态惹的祸。

讨好型沟通姿态的人因为自我认同感较差，所以需要从别人的评价中寻找自我，因此会将满足别人的需要放在首位，以此来获得他人的认可，而丧失了真实的自我。

讨好型沟通姿态的人甚至会产生这样一种认知：只有被肯定、被需要、被认可时，才会感觉自己是被接纳的、是值得被爱的。

讨好型沟通姿态

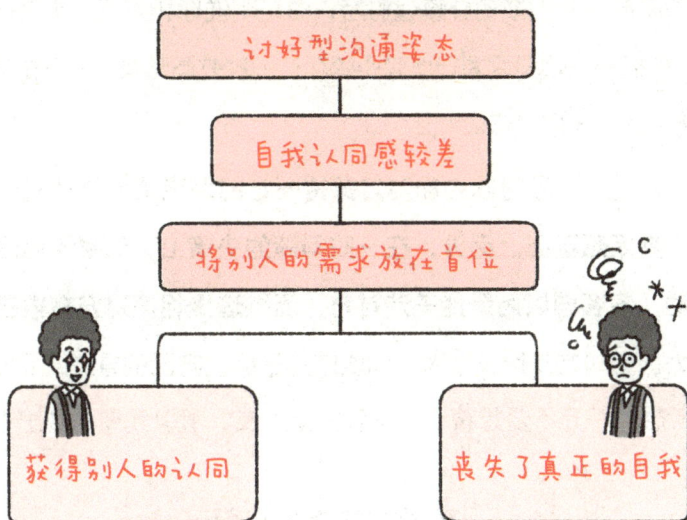

讨好型沟通姿态

自我认同感较差

将别人的需求放在首位

获得别人的认同

丧失了真正的自我

❗在爱情中如何重拾自我

在爱情中，当我们感受到自我正在流失时，该如何重拾自我呢？不妨从以下4个方面做一些努力。

第一，承认自己在讨好并且做出新的自我确认。

首先，看到并且承认自己在讨好，这是自我觉察的第一步。如果你发现自己做什么事情都想讨对方欢心，对方一生气，你就想着是不是自己哪里做得不好，那么就说明你可能有一定的讨好倾向。

其次，通过不断的尝试进行新的自我确认。

也就是说，在你讨好别人时自己想一想：我为什么这么需要对方的支持和认可？我到底希望别人如何评价我？如果别人没有肯定我，真的说明我不好吗？

第二，学会和你的伴侣保持一定的距离。

这个距离不是指你刻意疏远对方，而是明确你和对方本来是两个独立的个体，你们在一起是因为彼此吸引或存在一些共同特质，并不是你们在一起就要将彼此捆绑成"连体婴儿"。

研究表明，**一段时间内和对方保持一定的距离或许能让我们感到更加独立，满足感更强。另外，在一些问题的决策上，如果伴侣没有明确向你求助，不要自以为是地干涉对方，而是选择相信对方有自己解决问题的能力。**当对方向你求助时，你能做的是给出自己的看法，而非强求对方依你所想。千万不要想着"她是我的女朋友，所以我要帮她出主意"或

在爱情中重拾自我

① 承认自己在讨好并做出新的自我确认

② 学会和伴侣保持一定的距离

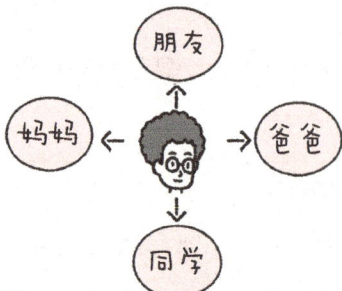

③ 建立除伴侣以外的社交圈

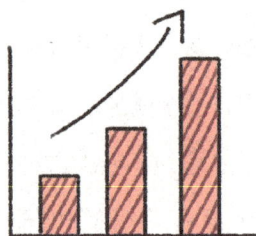

④ 关注自我提升

"他是我的男朋友，我要给他建议"。

第三，建立除伴侣以外的社交圈并且定期和朋友们见面。

很多人谈了恋爱后与朋友的接触少了很多，将大把的时间都用在了伴侣身上。我们说不要将鸡蛋放在一个篮子里，是因为这样的做法风险是极大的。缺乏其他的社会支持，所以伴侣的反应对你而言会更加重要，对方的一举一动都会牵动你的神经，你自然也会失去自我。

然而，伴侣只是你的圈子的重要部分，而非全部。好的亲密关系是：你们除了有彼此，还有更多共同的朋友，而非你们成为彼此的全世界。每个月定期和朋友们聊天、唱歌，相信你会收获不一样的幸福和快乐。

第四，关注自我提升。

做好这一点，你不仅取悦了自己，更会让对方惊叹你的变化。

首先，你可以在业余爱好中发现真正属于你的火花。如学绘画、写小说、养宠物等。相关课程与活动会帮助你保持这项爱好，你会喜欢与享受这些事情。

其次，你可以挖掘自己新的特质。自我发展是保持独立的关键因素之一。参加一场研讨会、参加一次培训，这些都能让你学会静下心来思考，发现一个新的自己。在亲密关系中，学会重塑自我是非常重要的，这会让你的伴侣更为你着迷，甚至可以带动对方和你共同成长，何乐而不为呢？

END WORDS

结语

● 虽然和伴侣一起做每一件事都可能很平常，但成功经营一段亲密关系也是为自己上了很好的一课。因此要做更好的另一半，最重要的是要让自己成为一个更优质的人。

03 陷入爱情的人有哪几大误区？

每个人都会梦想拥有幸福的爱情，能够与心爱的人共度一生，享受着世间最甜蜜的幸福。可是很多人真的拥有幸福，却不懂得如何去珍惜它，甚至会在没有外在因素影响的前提下，将得到的爱情无情地扼杀，不知不觉中毁掉了苦心经营的感情。

！ 爱情中的那些误区

以下是在感情中经常陷入的几大误区，来看一看你中了哪几招吧。

第一，逃避并否认问题。

小静和男朋友恋爱了4年，在旁人看来是一种很理想的感情状态。但是小静一直很清楚，她对男友的感情远没有旁人看上去的那么深，小静始终无法从内心深处真正爱上男友，但是男友对自己无微不至的关心会让小静不停地催眠自己，告诉自己很幸福。两个人从喜好到三观都有很大差异：男友喜好吃火锅，她喜好清淡的茶餐厅；男友喜欢周末宅在家，她喜欢出去四处看一看。这些长久以来的不一致让他们很容易起争执，可是小静会安慰自己：其他方面都不错，就不要在意这些了。然而逃避和否认并没有让两个人的日子过得更顺畅，而是逐渐引发了蝴蝶效应：两个人单独相处时经常是一开口就充满火药味。

当意识到矛盾时，在第一时间解决是最佳方案。你或许最初会选择逃避矛盾，专注于对方的优点，并在这些优点出现时将其放大。但是这并不会使那些矛盾消失，必须记得从最初就直面自己的内心，开诚布公地面对彼此的问题，才能做出聪明、理智的决定。

第二，对另一半依赖过多。

成熟的感情像舒婷在《致橡树》中描写的那样：我必须是你近旁的一株木棉，作为树的形象和你站在一起。根，紧握在地下；叶，相触在云里。每一阵风吹过，我们都互相致意，但没有人，听懂我们的言语。

不成熟的感情会表现出一方力量明显弱于另一方、需要依赖另一方。有些人容易被说"需要你"的人吸引，花时间陪伴对方，并且花很多精力安抚对方的情绪问题。到最后，自己一定会厌倦这样的相处模式，因为自己也有情绪需要调节，需要时间来独处。

有些人是依赖性强的那一方，或许是因为刚刚被抛弃，或许是因为刚分手，都可能下意识寻求一段短暂的恋情疗伤。他们寻找的并非是爱的人，而是需要找一个能以更多的爱滋养他们的人。**生命中，并不是每个人都愿意当你的过客，所以先给自己一些时间好好度过伤心期，再找下一个对象。**有时，一个你真心想要跟他（她）走下去的人，并不是在你需要时给你短暂陪伴的人。两个人需要处于一种比较平衡的状态，这种感情才会不偏不倚更加稳定。

爱情中的那些误区

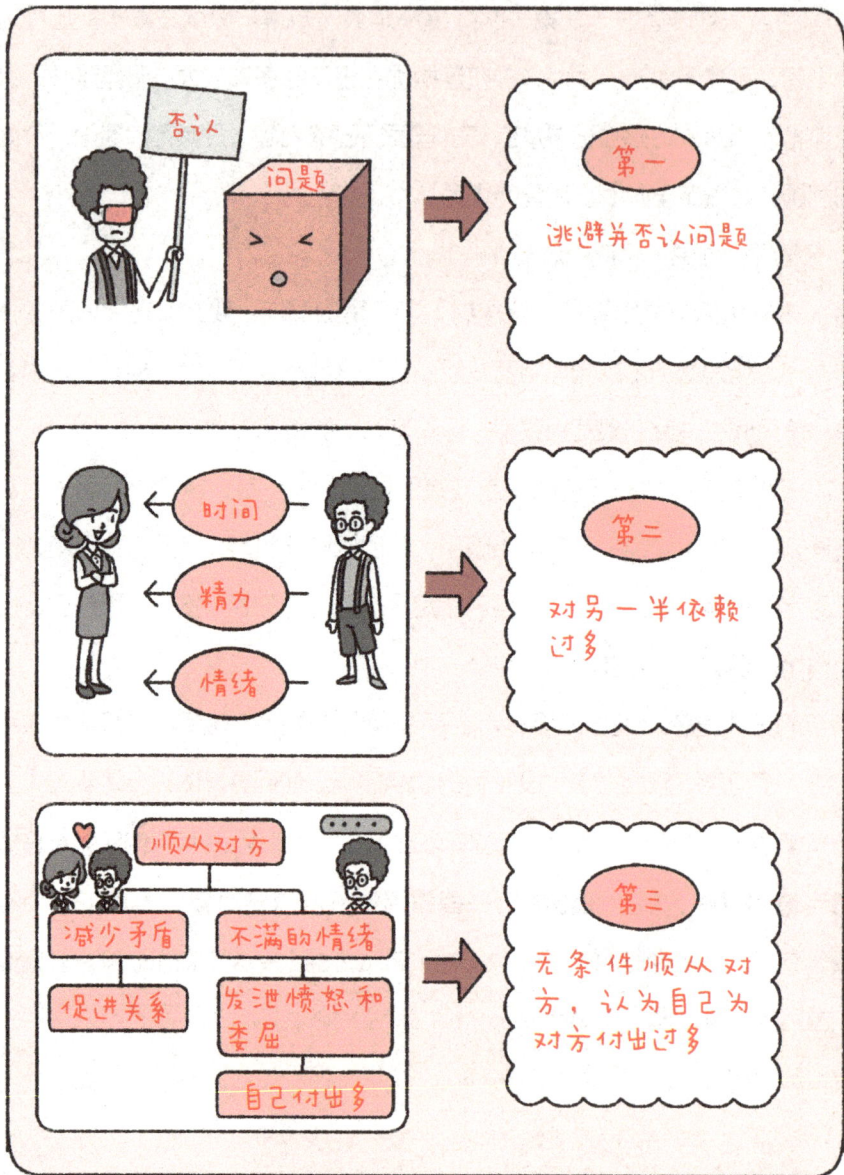

否认

问题

第一

逃避并否认问题

时间

精力

情绪

第二

对另一半依赖过多

顺从对方

减少矛盾

不满的情绪

促进关系

发泄愤怒和委屈

自己付出多

第三

无条件顺从对方，认为自己为对方付出过多

第三，无条件顺从对方，认为自己为对方付出过多。

恋爱中的冲突是在所难免的，一方为了减少冲突会选择一直退让：本来想去健身房却因为爱人想出去吃饭而放弃；本来不喜欢某个电影但因为伴侣喜欢，于是迎合说不错。这些做法都是出于一种假设：我这样做了就可以减少矛盾，有利于我们的关系。可是实际上，却在内心产生了更多不满的情绪。而对方也不会因为你的让步而感激，甚至会怀疑：你怎么是那么没有想法的一个人？或者在对方看来，你的想法变得不重要。

当这些愤怒和委屈发泄出来时，就变成了"我为你付出那么多，你怎么一点儿表示都没有。"这是一句杀伤力极大的话。可是，你需要问问自己："我的付出，真的没有任何收获吗？"至少在你还爱对方时，对方因为你的付出感到快乐，而你看到对方的快乐是因你而起，你就感到加倍的快乐。因此，你的无条件顺从和为对方的付出都是你认为对这段关系有利的自主选择，只是兜了个圈子，想通过付出更多换回对方的重视和感情的稳定。

当我们重视自己和表达自己时，才有机会得到对方的尊重，才能够进一步了解彼此。

> **! END WORDS**
>
> ### 结语
> ● 感情中的很多误区看上去都是在更好地经营感情，其实这种刻意的经营却让我们忘记了我们最初寻找感情的目的：拥有一段舒适的亲密关系。

为什么有的人热衷于晒幸福、秀恩爱呢?

思思恋爱后,开始在朋友圈刷屏。今天晒和男朋友在车里十指相扣的照片,明天晒收到的一束玫瑰花,后天晒两个人温馨的晚餐。朋友们倒也配合,及时给她点赞,还有人给她评论"好幸福,好羡慕"。思思越来越开心,晒的频率也逐渐提高。除了朋友圈里的秀恩爱,现实中秀恩爱的场景也不乏少数。我们身边也有很多情侣在众人面前表现出连体婴儿模式,公开卿卿我我。很多人不禁要问:为什么恋爱中的人那么热衷于晒幸福、秀恩爱呢?

❗ 热衷于秀恩爱的原因

第一,心理动机的外化,即向外界展示自己对某个人的占有。晒幸福的行为和激情的关系不大,并非是按捺不住自己的行为而情不自禁在公众场合和伴侣表现出亲密的行为,而是通过这种行为告诉大家:我们之间是情侣关系,借此减少一些潜在的竞争对手,宣布自己的占有权。秀恩爱的人希望外界将他们双方绑定起来以"我们"的形式出现,借此强化两人的恋爱关系。举个例子,我们经常能看见在朋友圈发结婚证照片的朋友,这一方面是在向大家表明自己的婚姻状态,另一方面也告诉当事人:大家都知道我们结婚了，你要对我更好。

　　第二，自我形象的管理。在社交网络上，人们多存在自我形象管理的行为，也就是希望将自己受欢迎的、好的、优秀的一面展示给他人。例如，上传自己拍得好看的照片，显示自己很漂亮；上传和伴侣的照片，显示自己爱情甜蜜，等等。公开展示恩爱这种行为是自我形象建构的一部分，以显示自己是受欢迎的、有吸引力的。

　　可能有人要说了，感情好是自己的事情，有必要整天晒吗？答案是有必要的。社会学家欧文·戈夫曼（Erving Goffman）曾将社会中的人比作舞台上的演员。舞台大体分为前台和后台两个区域。**大家在前台，也就是在能被别人看到的地方，利用外表和举止表演出希望被人接受的信息；后**

秀恩爱的原因

① 展示对某个人的占有

② 自我形象的管理

③ 想获得对方更多的关注

台则是演员离开前台，进行休息和缓解紧张的地方。

　　如今的社交网络完美地将后台搬到了前台，不论人前人后，几乎所有人都是全天候的演员了。在社交平台上发表的文字和图片都是很安全的面具，我们可以戴着它们表演自己理想的形象。想一想，现在大部分人发朋友圈前都是这样的过程：拍十多张照片备选，然后选出一张最美的再精心加上滤镜美颜，最后编辑一段看起来很应景的文字才会发出去，既可以表达出不经意的感觉，又想获得更多的赞美。

　　第三，恋爱中的一方对感情不够自信，希望通过这种形式获得对方更多的关注。

　　前文例子中的思思，在人多的场合就和男朋友表现得很亲密，而在私下两个人要平淡很多。思思也坦言，很担心男朋友会和她分手。因此，秀恩爱的行为无疑也是一方在追求对这段关系更高的满足感和安全感。

END WORDS

结语

● 秀恩爱对情感的促进与否并没有一个具体的结论，关键是恋爱双方最好通过充分沟通，了解彼此对秀恩爱行为的看法，并且尽量默契地将两个人的行为统一化，秀就要秀得合理，否则很容易因为某种失衡而给感情带来危机。

在一起久了，为什么聊天越来越少？

婷婷想起刚和小张谈恋爱的那会儿，每天见面时都是你侬我侬，天南地北地说着不同的话题，分别时总是依依不舍。回家之后马上发微信问"到家没？""在干吗？""晚上吃的什么？"一旦开始就停不下来，经常是聊到深夜说了十遍晚安后才真正睡觉。现在在一起时间久了却变得无话可说，经常是两个人同处一室，却各忙各的。为什么两个人在一起久了，日子却感觉越来越平淡？聊天也越来越少了呢？

❗两个人聊天越来越少的原因

第一，边际效用递减导致新鲜感减少。

经济学中有一个边际效用递减概念，是指在一定时间内，在其他商品的消费数量保持不变的条件下，当一个人连续消费某种物品时，随着所消费的该物品的数量增加，其总效用虽然相应增加，但物品的边际效用（即每消费一个单位的该物品，其所带来的效用的增加量）有递减的趋势。

这个概念同样可以应用在感情中：两个人在一起时间久了，对方的一个吻变得稀松平常，你不会再为此脸红心跳、小鹿乱撞，更不会为约会穿哪条裙子而纠结一小时。你对对方越熟悉，未知的部分越少，彼此的新鲜感就会随着时间递减，可以聊的话题也变得索然无味。

第二，对彼此的满意程度愈发降低。

谈恋爱初期，你会因为过马路时男友帮你挡车、拉一下你的手而给他五分好评，会因为他帮你拎包而心里大赞他体贴，会因为他炒菜好吃而标榜他为绝世好男友。但是时间久了，你会发现，你对他的要求越来越高：你会期待他记得你们的每个纪念日，你会希望他时不时给你做一桌子新菜肴。这些并非得寸进尺，在社会心理学中，有一个关于亲密关系的理论叫相互依赖理论，是从经济学的角度来研究亲密关系。相互依赖理论认为：我们寻求以最小的代价获取能提供最大价值的人际交往，我们只会与那些能提供足够利益的伴侣维持亲密关系。这解释了在亲密关系中变本加厉的行为模式，随着我们付出得越多，对另一半的要求自然也越多。

聊天越来越少的原因

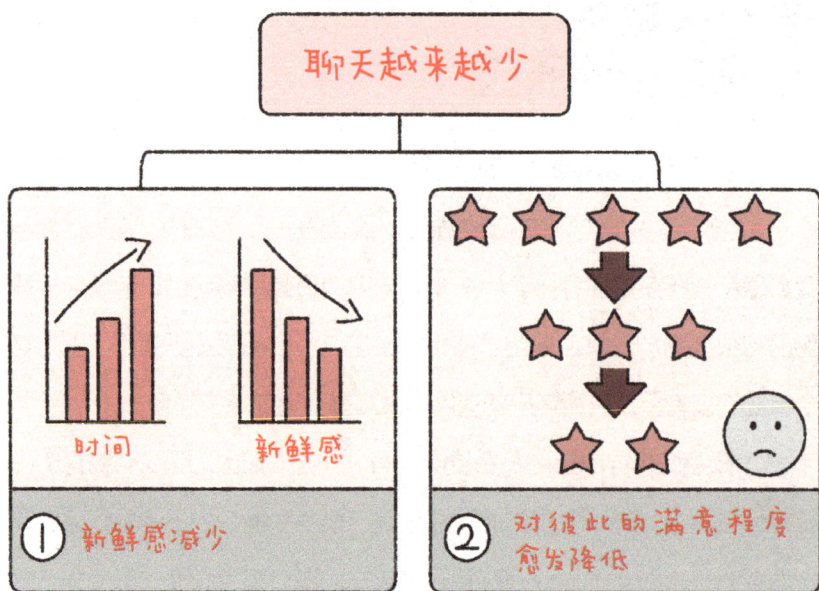

聊天越来越少

① 新鲜感减少　时间　新鲜感

② 对彼此的满意程度愈发降低

除此之外，相处久了，你会发现，彼此对伴侣做出的爱的表达也会变少。因为当确认一段关系足够稳定时，会有一种"都老夫老妻了，没必要"的想法，直接减少了互相表达爱意的可能性。这自然也会导致对另一半的满意度降低。

❗ 如何改变这种愈发平淡的关系呢？

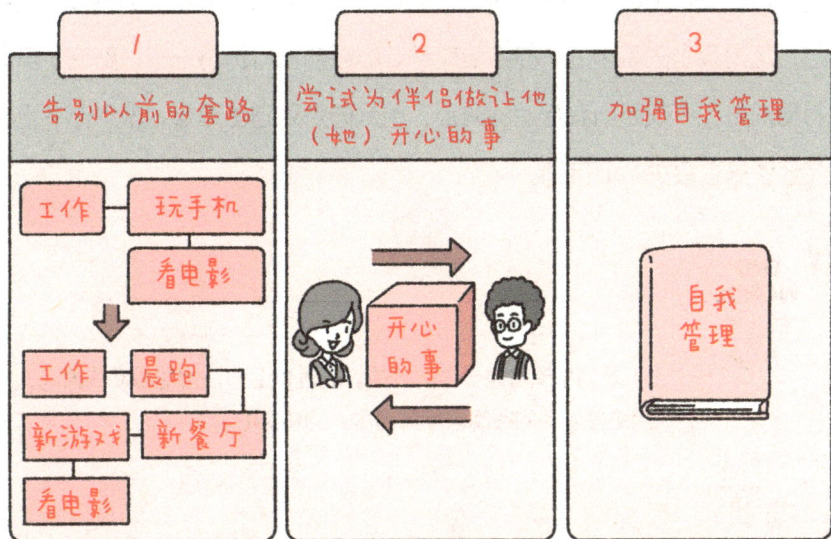

首先，试着告别以前的相处模式。

两人在一起时间久了会形成一个模式：工作日各忙各的，晚上回家吃饭，玩手机，睡觉；周末睡到自然醒，去看电影，吃饭。久而久之，这些行为模式化严重，丝毫不能唤起任何兴奋的感觉。不妨试着去找一些惊喜：

改变愈发平淡的关系

1	2	3
告别以前的套路	尝试为伴侣做让他（她）开心的事	加强自我管理

1　告别以前的套路

工作 → 玩手机
　　　　看电影
↓
工作　晨跑
新游戏　新餐厅
看电影

2　尝试为伴侣做让他（她）开心的事

开心的事

3　加强自我管理

自我管理

周末偶尔早起一起去晨跑，走一条新路，去一家新的餐厅，尝试一个新的游戏，这些都会唤醒麻木的神经。

其次，尝试每天为伴侣做一件让他（她）开心的事。

注意，这不是单方面的取悦，而是彼此达成一种共识，是一个相互为对方服务的过程。想一想自己做什么事会让对方开心，那么就每天做一件让对方觉得开心、幸福的小事。这个要求并不高。给对方泡杯茶，替对方按摩，或帮对方挤一次牙膏，都是很简单的事情，却会让伴侣在相处中获得被爱、被体贴的幸福感。

如果伴侣感受到了你的取悦，根据互惠原理，对方也会在日常生活中对你更加体贴，以回报你的付出。**取悦会制造亲密关系中的良性循环，前提是你很乐意为对方做这件事情，而不是为了满足对方而委屈自己，否则会得到适得其反的效果。**

最后，加强自我管理。

很多人在亲密关系稳定后就变得疏于自我管理：在伴侣面前不修边幅，觉得这才是自己最真实的样子，这是让对方更加了解自己的机会。其实不然，这是亲密关系中的一种自我放弃。你将自己打扮得干净、整洁，身体保养得很好，不仅是自我管理的典范，也是你对对方的尊重，表示你一直在为了经营好这段关系而行动。

END WORDS

结语
● 爱到平淡才是一生的开始。通过以上方法增加心动的瞬间，用这些心动的瞬间来加深两个人的情感吧。

如何正确面对彼此的差异?

大多数人在恋爱中坚持要找和自己不一样的人。之所以这样认为,有可能是因为人与人之间的差异性起作用的方式很巧妙,导致它误导人们相信:我们互相吸引,是因为我们不一样。实际情况是,看上去差别很大的两个人其实有着很多内在的相似性。社会心理学中有这样的理论:伴侣之间某个核心特征的相似,比起其他次要方面的相似更为重要。

另外,有时人们喜欢那些和自己不同的人,是因为对方虽然不是自己现在的样子,却是自己理想的样子。也就是说,那些我们渴望成为的人,对我们会有一定的吸引力。想一想,如果你的伴侣是一个擅长社交的人,而你是一个偏内向的人,是不是有时你也期待像对方那样成为众人中的焦点呢?

! 面对彼此差异 的方法

当我们寻找伴侣时,更倾向选择与自己有差异的伴侣在一起。然而,我们必须认识到,处理这些差异也是需要技巧的。下面介绍的3条小技巧,能让你更好地与同自己有差异的伴侣相处。

第一，找到你们之间核心相似的地方，以此加深对这段关系的肯定。

注意，这个相似分为外在相似和内在相似。

外在相似主要包括你们的兴趣爱好。比如，对方爱打游戏，你也一样，如果你觉得对方游戏打得很棒，那么潜意识里也会觉得自己很棒。这种外在的共同点会让你觉得两个人有很多相通之处，也会进一步减少彼此的防御心理，让对方更理解你。

内在相似包括性格上的相似。有时会不那么容易被察觉，甚至会让你觉得你们两个人的性格很不一样，但是这种"很不一样"在一定程度上也可能是你内在的一种隐性性格。

比如，粗犷的人内心也有细腻之处，冷静的人也有冲动的一面，这种隐性的性格也叫影子性格，因为常常被压抑和隐藏，它们更需要释放。不妨找一找，是不是伴侣身上看上去和你完全不同的性格，其实也是你向往和隐藏着的？这些内在的相似会帮助你肯定你们的这段关系。

第二，通过生活中的细节创造更多爱的瞬间，产生更多积极的共鸣。

我们经常听到一种说法：风花雪月最终败给了柴米油盐。大多数以"性格不合，我们不合适"为理由的分手并非真的是性格差别太大，而是在一次次的小事情中将爱情消磨殆尽的。你是不是因为对方一次次的说话不算数而对对方彻底失去了信心？或者因为对方每次对前任的事情含糊其辞，让你对你们的未来充满了不确定？**生活中的这些消极细节会消磨两个人的爱意，而积极的细节可以擦出美好的火花。**

首先，你们可以一起参加一些比较激烈的活动。可以参加极限运动，也可以一起看一个恐怖片，还可以做游戏：两人一前一后，前方的人往后仰，后边的人负责扶住，通过这些"小危险"产生心跳心动的感觉来加深情感。

其次，可以一起尝试做一些没做过的事情。不妨轮流决定，找一件新鲜

面对差异的方法

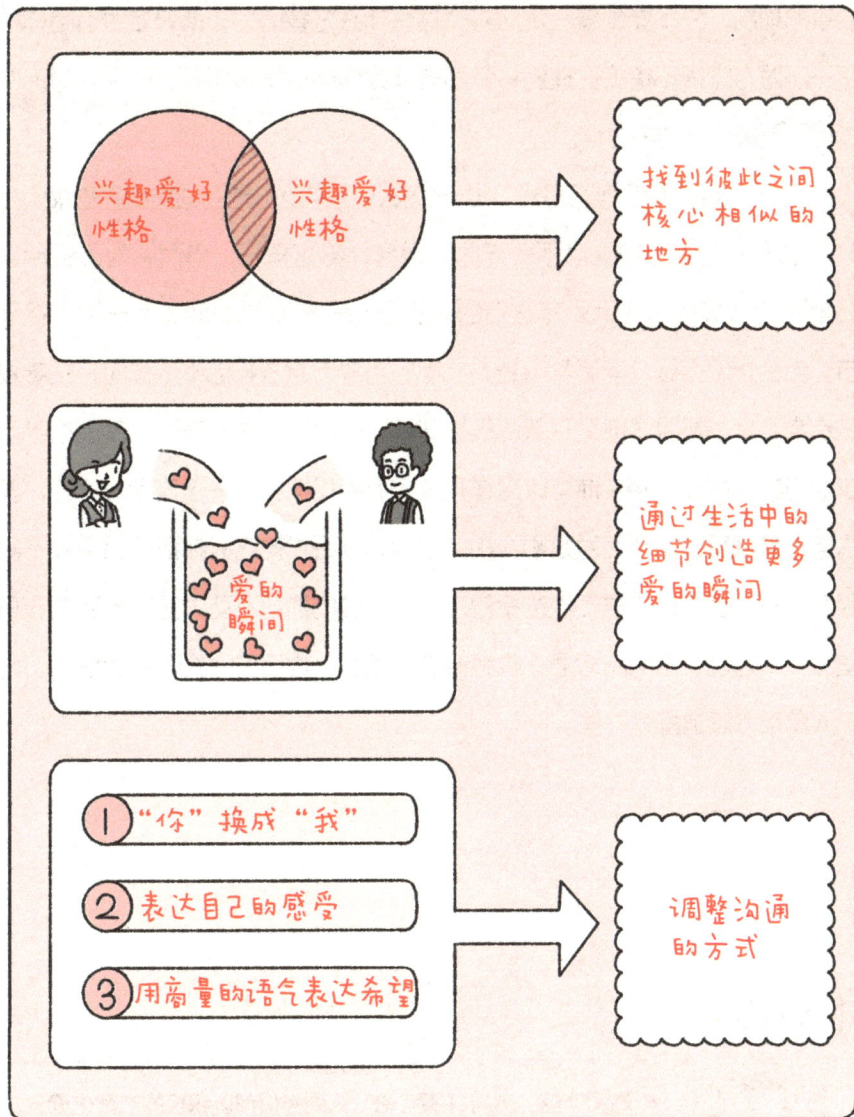

兴趣爱好
性格

兴趣爱好
性格

→ 找到彼此之间核心相似的地方

爱的瞬间

→ 通过生活中的细节创造更多爱的瞬间

① "你"换成"我"

② 表达自己的感受

③ 用商量的语气表达希望

→ 调整沟通的方式

事情做，这样的记忆会变得深刻，也会成为你们独家共享的回忆。

最后，你们还可以尝试体验对方生活的乐趣。如果你爱看言情剧而对方爱看伦理剧，先不要忙着否定对方"这有什么好看的"，试着让对方给你推荐一部对方觉得不错的伦理剧，然后去体会里面的精彩情节，两个人讨论的过程就是彼此接纳的过程。

第三，通过调整沟通方式，进一步接纳这种差别并尝试找到平衡点。

当我们和对方的观点不一样时，很容易犯这样一个错误：为了证明自己是对的，试图先证明对方是错的。于是从一个简单的事情上升到人格攻击。那么，怎么做才能调整沟通方式呢？当对方想法和你不一样时，试着按三步走：一、将以"你"开头的表达变成以"我"开头的表达，就事论事。以对方乱丢袜子为例，你可以这样开头"我看见袜子丢在了客厅"；二、表达自己的感受，如"因为是刚打扫完卫生，我会觉得它丢在那里有点儿不舒服"；三、以商量的语气表达希望，如"亲爱的你可不可以把它收到洗衣机里呀？"通过一系列的沟通，情绪得到了表达，也给了对方选择的权利，两个人就都会感觉舒适一些。

END WORDS

结语

● 你和伴侣的差异并不可怕，只要你们都以积极的态度去面对差异，并且不刻意提醒自己两个人的差异有多么的大，那么掌握这3个小技巧后，你们就可以更轻松地相处。

07 爱情应该如何保鲜?

经常有情侣讲：和对方在一起七八年了，现在两个人牵手就像左手拉右手，心中没有半点波澜；每天下班回到家两个人都是各忙各的；有时好想变成对方手中的手机，似乎那样才能感受到更直接的感情；有的周末难得双方都有时间休息，两个人也是话题寥寥，甚至怀疑自己是不是找了一个"假男（女）朋友"。两个人相处久了，关系与其说更稳定，不如说是激情削减，失去了心动的感觉，而感情危机一旦出现，相应的问题便会一触即发。

! 爱情保鲜计

著名的心理学家罗伯特·J.斯腾伯格的爱情三角理论认为：完美爱情包括3个基本要素，即激情、亲密、承诺，它们相辅相成，缺一不可。那么，如何同时具备爱情中的3个要素，使爱情保持新鲜呢？为此，在这里给出3条爱情保鲜秘诀。

第一，两个人相处时，给予对方无条件的积极关注。

无条件积极关注是倡导以积极态度看待对方，对对方的言语和行为的积极面、光明面给予有选择性的关注，利用自身的积极因素促使对方发生积极变化。

很多情侣在一起时仅仅是物理层面的接近，也就是说，你们可能一起度过了一个周末，但是期间有效沟通很少，大多数时间彼此只是换个地方继续玩手机打游戏。或者你们也可能在一起沟通很多，但是更多的是挑剔对方的各种小缺点。这些都是恋爱相处过程中的硬伤。

因此，要试着在两个人相处时给予对方更多的支持性表达。比如，你可以告诉对方"今天你看上去状态不错"。同时，你也可以在对方心烦意乱时给予更多耐心的倾听。这样才能避免"沟而不通""陪而不伴"，才能进一步提升亲密感。

第二，充实自己的生活，更好地提升自身吸引力。

在情感咨询中，很多人的共同问题是：爱人是他（她）生活的全部，他

积极关注与提升吸引力

关注

关注

朋友

家人 事业

兴趣 爱好

• 给予对方无条件的积极关注

• 充实自己的生活，更好地提升自身吸引力

（她）做的所有事情、所有努力都是为了让对方能看见他（她）。很多女性都被"不能陪你的男人要着也没用""不能在你需要时借你一个肩膀的男人不要也罢""如果我什么都会了还要男人有什么用"等类似的文章误导。你要知道，对方的反应是不可控的。你希望改变自己来唤醒对方，必然要承受一种失败的可能性。对方是一个活生生的人，有自己的意志，自然可能会非你所愿。所以你会失望，对方会冷淡，你们之间爱的连接也会越来越少。

因此，不要每天活在"爱不爱"的选择题里，不要忘了自己还有朋友、家人、事业，还有自己的兴趣爱好等。 将重心转移到自己的生活上来，努力让自己升值，当这样的你出现在对方面前时，对方还会拒绝吗？

给爱情加点儿料

给爱情加点儿料

幽默感

计划
×××××

新鲜感

第三，用行动给你的爱情加点儿料：幽默感、新鲜感。

幽默感不是简单耍宝，而是面对生活保持一种豁达的态度。学着做一个有趣的人，比做一个恨天恨地的人要轻松。生活中需要的可能只是轻松化解烦恼的一句笑话。苦大仇深并不会减少烦恼，只会徒增压力。研究表明，幸福长久的伴侣，会使彼此笑口常开。

两个人还可以共同拟定一个计划。比如，每周共同做一个新鲜的尝试：去一个新的餐厅吃饭，爬一座没爬过的山，看一部新的电影，或者一起散步，走一条新的路。创造了属于你们两个人的独家记忆后，你就会发现，两个人的相处又碰撞出了新鲜的爱情火花。

END WORDS

结语

● 爱情保鲜计，最重要的是"爱意"。你的每个小秘诀都要有一个前提，那就是彼此之间爱的心意。只有带着这份爱意，你们的爱情才能保持新鲜。

第 **5** 章

爱情危机，
还是转机

爱情和工作陷入两难境地时该如何抉择?

电影《爱乐之城》讲述了一个想当演员却郁郁不得志的咖啡馆店员女孩与一个落魄的爵士乐师的罗曼史。同样追求梦想的两个人在城市里遇见彼此,随后坠入了爱河,相互慰藉、扶持,一起追求毕生梦想。但在逐渐达成梦想时,梦想与现实之间的博弈,令两人的情感面临抉择和考验,经历了一系列挫折、分歧后,他们彼此鼓励对方不要放弃梦想。两人虽然最后没有在一起,但都追求到了自己的梦想。

现实中我们也会面对梦想和爱情的冲突,或者说工作和爱情的冲突:你希望在事业上有所成就,丈夫希望你在家相夫教子;你渴望冒险闯一闯,妻子却告诉你安稳的小日子才是她的追求。

！工作与爱情的冲突

工作与爱情的冲突实际上是自我实现和爱情的冲突。亚伯拉罕·哈罗德·马斯洛在需求层次理论中提出了自我实现的需要,指出人都有发挥自己的潜力、表现自己才能的需要。只有当自己的潜力充分发挥并表现出来时,人才会感到最大的满足。很多人主张先自我实现,再谈爱情。也有人说现在的人都很现实,谈恋爱前都要先问有没有车和房,逼着自己不得不先通过升职加薪,自我实现。**但是，并不是完成自我实现后，我们才有资格去谈爱情，而是一定的自我实现有助于我们遇见更好的爱情。**

爱一个人，会让我们将关注点都放在那个人身上，而工作的意义是帮助我们找到自己更多的价值，实现更多的自我认同。

当自我认同不够高时，我们会时刻审视自己在爱情中的各种表现，如"是不是我哪里做得不够好？我衣服穿得合适吗？我刚才那句话是不是说得有点儿不妥当？"同时会审视对方，如"刚才那句话是在指责我吗？这两天不联系我是为什么呢？是不是看不上我了？"关注的大都是对方的感受如何或自己给对方的感受如何，却忘了关注自己的感受。之所以会造成这样的结果，大多是因为自己太过匮乏，更别谈更好地爱对方了。

工作与爱情的冲突

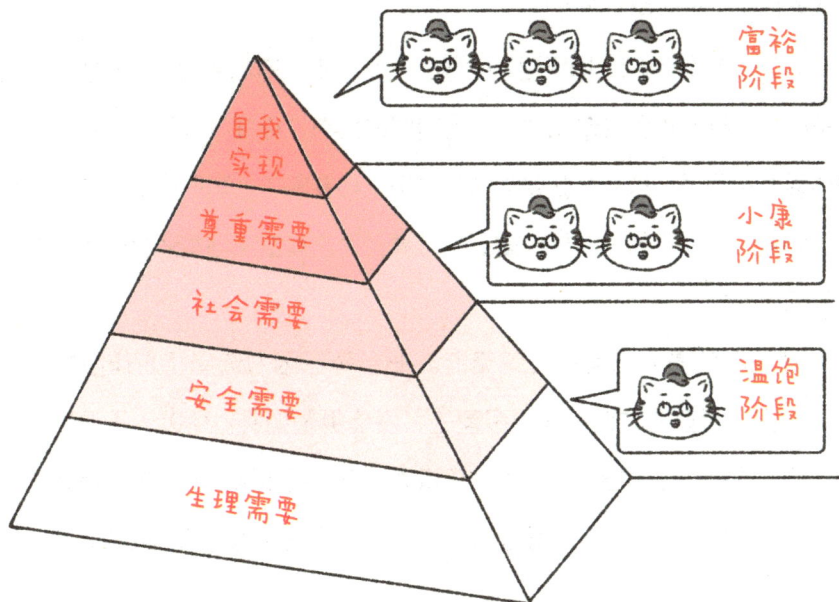

而我们通过工作提升自己的价值感后，就会有一种"因为我有能力做好工作，所以我是值得被爱的"的感觉，从而让我们有足够的精力去关注自己也关注对方，关注双方在这段感情中共同的成长。

！当工作和爱情陷入两难境地时应该如何选择呢？

首先，要记得成人的世界从来没有简单、绝对的是或非，简单地选择工作放弃爱情或选择爱情放弃工作都不是明智的决定，拿出想要解决问题的真诚态度才是首选。可以先告诉伴侣你面临的冲突事件，比如，选择A公司会导致两个人的相处时间短一些，但是上升空间很大；选择B公司会很轻松，两个人有足够的时间相处，可是晋升空间有限。先看看对方的态度，并且真诚地表达你自己的想法，不论选A还是B，最终拥有主导权的都是你自己，切记不要将决定权完全交给伴侣。

其次，如果你们选择了更为忙碌的工作，则双方需要约定，不管彼此工作多忙，关键时刻都要帮助对方。当有些重大事件需要处理时，比如，一方身体极度不舒服，或者有重要的朋友过来，都要将工作暂时先放一放。陪伴家人和爱人在当下是一件更为重要的事情，而工作缺失可能还会有其他方式和时间来弥补。

最后，注重双方精神上的交流。很多情侣因为选择了工作忽视了爱情，忘记了所有的关系都是要经营的，爱情更是如此。所以，不论你们多忙，每天都一定要拿出固定的时间来沟通交流，可以谈工作上的心得，也可以谈生活上的趣事。这个过程是双方价值观的碰撞，也是两个人共同的进步和成长。

工作与爱情的抉择

结语

工作与爱情的抉择

END WORDS

结语

● 工作和爱情并非是绝对对立的。在工作中，我们更好地自我实现、接纳自己的脆弱和不完美，在爱情中才会有能力给予爱，而不是一味地索取和乞求爱。

02 什么是恋爱中的强迫性重复？

在恋爱中，你是否发现本身你不喜欢父亲或母亲那样的性格，但是你找的伴侣通常会有父亲或母亲的影子？你连续找了几个男（女）朋友，他（她）们身上是不是都有相同或相似的特质？每次争吵总是从一个类似的问题开始，吵到最后并不能解决而且下次还是会吵？这个问题在心理学中就叫作"强迫性重复"。

！为什么会有强迫性重复？

强迫性重复是一种神经防御机制。强迫性重复试图通过重演历史，使过去受创伤的历史能够重新拥有一个完美的大结局。

其实，没有人愿意让自己一直重复体验那些痛苦、沮丧、恐惧的体验，但是，如果没有人帮助，又很难从那些体验中逃出来，这是如下几个原因造成的。

1. 因为那些体验是熟悉的，所以不断重复。

即便是让人痛苦的体验，但是因为我们已经对它很熟悉，而熟悉可以带来安全感，所以我们还是愿意不断重复它。

我们虽然明知采取更舒服的方式会更好一些，但是因为没有积累相关的经验，所以很难让自己试一试新的方式，结果就是被限制在了旧有模式中，不断重复不舒服的体验。

2. 人倾向于用以前的经验评估现在所处的环境。

小静从小看到父母之间的相处模式：母亲一味地付出，而父亲却总是对母亲不满意，甚至不断地指责。她曾经坚持以后找男朋友不要找父亲那样的人，但是在她的恋爱中，她却变成了母亲那样的角色：对男朋友百般呵护，连每天穿什么袜子都给他准备好，然而这样的付出却让男朋友声称："和你在一起我压力很大，感觉你一直在催着我做你喜欢的事情。"小静之所以这么做，是因为在和男朋友相处前就会不自觉地投射并认同母亲的形象，觉得自己必须像母亲那样，甚至要付出更多才能让对方满意，而实际结果却是一

强迫性重复的原因

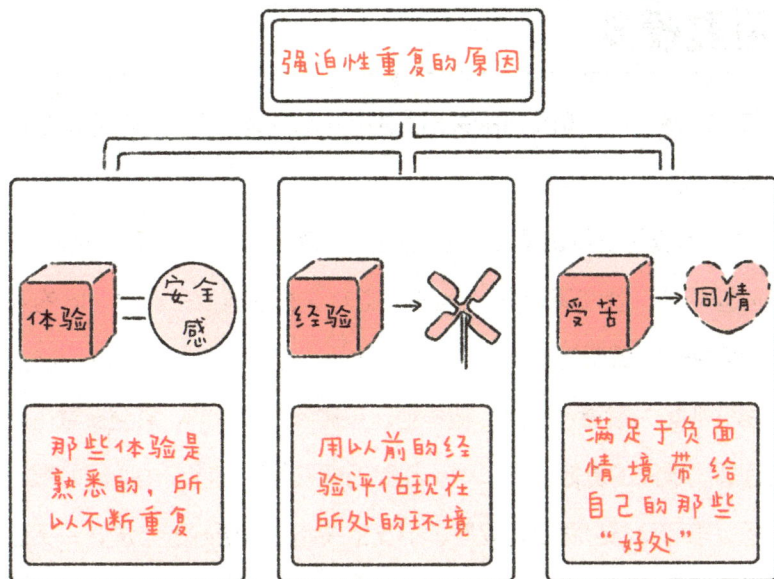

强迫性重复的原因

体验 = 安全感	经验 → ✗	受苦 → 同情
那些体验是熟悉的，所以不断重复	用以前的经验评估现在所处的环境	满足于负面情境带给自己的那些"好处"

次次的付出换来了更多的委屈。

3. 满足于负面情境带给自己的那些 "好处"。

一个人在成长中遇上困难，如生病了，就会吸引伴侣帮助照顾，那么他（她）可能就学会了用让自己受苦的方式吸引爱人的关爱。也就是说受苦成了他（她）的某种 "资本"，可以吸引爱人关爱，渴望被关心的心理也得到了满足。

想改变这种强迫性重复，需要做出很多努力。并且，只有在这种模式给我们带来的痛苦、沮丧达到了一定程度时，我们才会想要改变它。同时要积累足够的勇气才会做出改变，因为任何改变，对强迫性重复的人来说，可能都是一次冒险。

！打破强迫性重复模式

首先，改变自己和父母的关系。尤其你与父母中异性的一方的那些令你不安的关系。

父母与孩子之间的问题，原因往往确实在于父母一方。他们由于自己的心理问题、状态或局限，而没有能力或意愿向孩子提供足够的爱、支持、安全感、归属感等。

孩子则因为疲惫、失望、被拒绝、被抛弃、被忽视，甚至被虐待，而处于心理风雨飘摇的境地。成年后，儿时的情景历历在目，内心只好积极寻找能够将以前与父母之间令人受挫、不安的关系变得更好的方法，只不过对象不只是父母了，而是迁移到了伴侣或潜在伴侣的身上。在一定程度上，与伴侣的关系就是与父母关系的某种象征。因此，要想打破自己的强迫性重复模式，不妨从改变和父母的关系开始，试着看到更多的可能性，当你对父母的态度发生变化，你和爱人的关系也能够焕然一新。

其次，在改变中积累经验。哪怕是改变中的一点点经验，都可能会让你感受到改变并不像想象中的那么可怕。比如，当伴侣因为你稍微有点儿事情做不好就责备你时，试着将你的真实所想说出来，打破以前只能默默忍受的死循环。证明你可以勇敢表达自己的想法和不满，而不是一味地承受。这一点点成功的经验就可能带领你再进行更多的探索，从而引发更多的改变，最终可能完成内在模式的重新塑造，将自己从旧有的痛苦模式中解放出来，脱离那个痛苦的循环，从而完成对过去创伤的修复。用新的、更适合自己的方式去生活。

END
WORDS

结语

● 在亲密关系中，要想打破恼人而痛苦的强迫性重复，确实很困难。但是，如果你下决心打破这个重复的怪圈，新的可能性就不再遥不可及。

如何破解感情中的冷暴力？

经常有人向我这样倾诉：和男朋友吵架后，他拒绝沟通。问他："你是不是还在生气？"回答永远是："没有。"又问他："我们是不是该好好谈谈？"对方总说："没什么好谈的。"有时实在忍无可忍了，冲着他大哭大吼一顿，换来的却是他摔门而去。在亲密关系中，类似于这样的冷暴力行为，总是让我们感到心累。

！解析 冷暴力

精神分析学家玛丽·弗朗斯·伊里戈扬（Marie France Hirigoyen），在其著作《冷暴力》一书中指出，所谓冷暴力，就是精神虐待，并且将冷暴力双方分别列为受暴方和施暴方。

冷暴力中的沟通与正常的沟通有很大的不同，为了牢牢控制受暴方，施暴方需要的是一种单向沟通。比如，面对直接提问，要么一语不发，要么言辞闪烁。不愿承认两人之间有问题，也不愿共同寻求解决之道。当受暴方表达自我感受时，施暴方会不让对方表达。而且，受暴方想表达的，施暴方不感兴趣也不会听。

除了单向沟通，施暴方还会歪曲事实、撒谎，运用讽刺、嘲笑、轻蔑、否定人格、离间、展现强势等手段来呈现自己。

调查研究表明，基本上每对恋人都会或多或少遭受冷暴力。冷暴力无处不在，如果任其发展，可能最后会无法挽回关系，产生毁灭性影响而导致一拍两散。那么我们应该如何应对伴侣的这种冷暴力行为呢？可以从改变自身与改变伴侣相处模式两方面入手。

生活中的冷暴力

轻蔑 撒谎 嘲笑 单向沟通 歪曲事实 讽刺 否定人格 离间 强势

！破解感情中的冷暴力

首先，我们要从改变自身开始。可以从以下三点入手。

1. 当自己因为对方的冷暴力而产生不安的情绪时，看清这些情绪的来源。

有时，我们将过往的情绪加在当下的事件上，就会产生一种投射，也就是说，根据过去的经验判断当下事件的走向，会加剧自身的不安。

想一想，是不是过去经历的事情诱发了你相同的情绪？可能是想起你们以前的一次激烈争吵后对方摔门而去，让你重新回到了那种恐惧不安的状态，也可能是你儿时看见的父母之间的矛盾，担心会在自己的身上重演。

2. 了解到不安的原因后，可以试着安慰自己，告诉自己："我已经做得很不错了。"试着和自己的内心对话：我知道你受过很多委屈，你现在已经做得很好了，你的不安全感都是有原因的，这些都不是你的错。尝试着给自己一个大大的拥抱，让自己冷静下来。

3. 尝试加强自己的安全感。

可以试着融入不同的人际关系中，让伴侣不再是你唯一的情感支持。

很多人是这样充实自己的：除了每天去上班工作，还参加瑜伽训练、肚皮舞俱乐部，或者参加各种各样的聚会。在这些关系中，他们体验到了更多的安全感，也结交到了更多的朋友。**因此，你也可以通过合适的方式满足自己内在的安全感需要，加强自己的安全感。**

其次，在处理和伴侣的相处模式上，我们不妨掌握以下4个非暴力沟通的要素。

1. 观察而非评论。不要因为对方不解释，你就说："每次你都这样固执。"这会激起对方的逆反心理，更不利于亲密关系的发展。不妨试着学会表达你观察到的内容，如"你今天一直皱着眉头不说话，看上去有些心情不好对不对？"进行这种观察对方的对话，会让沟通变得顺利，也会让你自己觉得舒服很多。

2. 表达感受。当看到伴侣压力大或心情不好时，你可以先告诉对方自己的感受："你看上去很不高兴，我很担心你。"有了这样的表达，两个人剑拔弩张的局面会缓和很多。

3. 表达需要。当进行不良沟通时，我们批评对方实际上是表达了自己的需要没有被满足。要试着直接表达需要，而非指责对方。比如，你直接向对方说："我希望你给我一个拥抱。"这比指责对方不懂体贴你、关心你要有效得多。

4. 请求帮助。当你力不从心需要伴侣帮助时，以什么样的方式提出请求容易得到积极的回应呢？我们要清楚地告诉对方，我们希望对方做什么。尽可能避免抽象概括的描述，如"你怎么不帮我？"而是要具体、正面地向伴侣表达你想要对方的什么帮助。比如，直接告诉对方"我希望你与我共同承担一部分家务，你来洗碗可以吗？""我希望你每周至少有两晚在家陪孩子。"这样直接的表达会更快达到你想要的效果。

END WORDS

结语

● 当遭遇冷暴力时，记得先看清楚自己不安的来源，改变自身状态。然后你可以尝试着通过简单、直接的表达来打通你们之间的围墙，打开对方的心扉。

如何判断分手的合适时机？

04

研究调查表明，人们一生中遇到真爱的概率是万分之一，当今大多数人很难是一段恋情走到最后的。日常生活中，相处时间久后发现互相越发不合适而提出分手的情形是常见的。有的人更是一言不合就分手：前一秒还很体贴关心地对对方说晚安，后一秒突然觉得这段感情没有盼头就提出分手；有的人是忍无可忍下定决心做了彻底分开的决定；有的人是说了几百次分手，结果还是不愉快地在一起，相互折磨，不能跳出分分合合的恶性循环。究竟如何判断分手的合适时机呢？怎样才能判断一段感情是否走到了尽头呢？可以参考以下的两个标准。

！分手的合适时机

第一，爱人对你的否定多于肯定，这种否定让你感觉很痛苦。

相处过程中，因为个人成长经历、性格特质、表达方式等多方面的差别，冲突在所难免。面对冲突时，作为亲密关系的双方肯定少不了磨合，但是有一点我们必须正视：有些冲突是无法解决的。

比如，小欢作为家里的独生女从小过着衣食无忧的生活，她的男朋友小戴因为兄弟姐妹多，不论经济上、精神上，得到的都相对较少。他们在一起后，虽然小戴通过自己的努力在事业上得到了不小的成就，可是原生家庭的影响始终挥之不去，他没有办法接受女朋友花几千元买一个提包，尽管她花的是她自己的钱。并且他用"败家""不懂得过日子"等来否定小欢，小欢最初会觉得很委屈，渐渐地在小戴面前表现得小心翼翼，可是这并没有获得小戴的认可，而是更多的不满，最终小欢忍无可忍选择了分手。

我们寻找爱情是为了获得肯定而变得更好，绝对不是为了一味地迁就另一方，承受对方的否定，当这种否定达到你无法忍受的地步时，分手或许是一种选择。

第二，沟通对你们而言无法解决问题，反而产生更多内耗。

沟通是一个解决问题的过程，最佳的沟通方式能快速、高效地解决问题。而很多伴侣在沟通模式上却存在着问题：要么是一方强硬而喋喋不休

分手的合适时机

爱人对你的否定多于肯定

沟通对你们而言无法解决问题

地表达自己的观点，不肯听对方的意见；要么就是一方总是简单地说一声"嗯"或顾左右而言他不肯正视问题。一位男性曾经向我抱怨，每次他和女朋友发生分歧，女朋友总能从一件事情上扯出几件事情，结果代入更多情绪，最后两人意见不合大吵一架，根本无暇顾及最初的矛盾事件。

这些沟通模式只会导致彼此将矛盾升级并且无暇关注当下问题本身，这个问题不但无法解决反而还成为以后矛盾的导火索。这样滚雪球的方式只会让彼此产生更多的自我消耗，那些委屈、愤怒、不安的情绪久久挥之不去。**当达到一个临界点时，一方提出分手看似很突然，其实是酝酿已久的结果，此时其实是合适的分手时机，这次爆发提醒你，这段关系已经超出了你能忍耐的极限，是应该重新梳理一下了。**

！挑战分手的临界点

当然，自古我们的文化就倡导"劝和不劝离"，所以这里给几个建议帮助你经营亲密关系，避免分手临界点的到来。

不强求：不要将自己的意志强加在对方身上，更不要妄想控制对方，应尊重对方的选择，而非明明知道对方已经有了自己的选择，你却要再问上十遍，想让对方给出你想要的答案。

不依赖：不论是何种关系，都应该保持彼此的独立性。抱团儿的结果可能是取暖，也可能是互相牵绊与伤害。

不苛刻：你爱西餐他爱饺子和火锅，这都是个人选择的问题，如果这些不同的选择并没有让你们在一起不开心，那么就不妨放一边，开心最重要。对自己、对别人，都少一点儿苛刻。

避免分手的临界点

END WORDS

结语

● 我们想过，烦恼过——自己到底有多差才会一路走来不断地有人从身边离开。简·奥斯汀说过："幸福一经拒绝，就不值得我们再加重视。"

分手后还能做朋友吗?

美国的研究人员曾做过这样一个调查:分手后是否可以和前任做朋友。研究结果发现,被调查者中有八成的人相信分开后可以继续做朋友。几年的跟踪调查后,被调查者有以下感情状况。

有35.8%的人可以做到真正分开后退回到好朋友的状态;有9.8%的人最终修成正果结婚生子;有25.9%的人分手后便彻底没有了联系;有28.5%的人分手后仍然保持着暧昧的越界关系。

研究指出,就算是选择继续当朋友的伴侣,也还要持续面对许多内心的不确定感。比如,想关心他(她)又要保持距离、克制自己的感情,不将自己同对方的新伴侣做对比等。也就是说,当我们选择了确认关系的这一步后,同时得承担它所相应的后果。

❗ 哪些情况分手后有可能做朋友?

第一,要看分手是谁提出的。心理学研究表明,如果分手是男方提出来的,分手后比较容易做朋友。这可能和女性以感性思维方式为主导有关系:因为是被动分手,所以对这段感情还有很多的期待,很可能因为男方抛出一个橄榄枝后就愿意保持另外一种联系。

第二，交往前是朋友关系更有可能在分手后做朋友。比起那些认识不久就变成情侣的人，先前的朋友关系会让彼此更懂得如何退回到以朋友的关系相处。而那些认识不久就做情侣的人分开后，他们退回到的更多的是陌生人的关系，继续交往的机会自然就会变少。

第三，用正面、积极的方式讨论过分手的情侣更容易做朋友。不同于那些一言不发就分手的情侣，那些曾经很认真讨论分手这件事的情侣，他们一旦分手，以后会有更多的交集。正面、积极地讨论对他们而言，意味着彼此达成了一种共识：当下情侣关系不是最适合他们彼此相处的关系，而这并不会影响他们互相欣赏、信任，也不会影响他们继续面对共同的朋友圈。

第四，分手后，对方仍然可以满足自己的需要。这些需要的资源包括

哪些情况分手后有可能做朋友

分手后做朋友

① 分手是男方提出的

② 交往前是朋友关系

③ 正面、积极的分手方式

④ 分手后对方能满足自己的需要

金钱、赞美、安全感、理解、包容等让你愉悦的事物或感受。相反，如果一味地产生负面冲突和矛盾，那么两个人分开后更多的是相见不如怀念或老死不相往来。

！哪些情况不适合分手后做朋友

第一，家人和朋友的反对。不仅恋爱与身边的朋友家人有关系，分手也是。如果家人和朋友不停地在你耳边念叨："还有很多人际关系值得你去

分手后无法做朋友

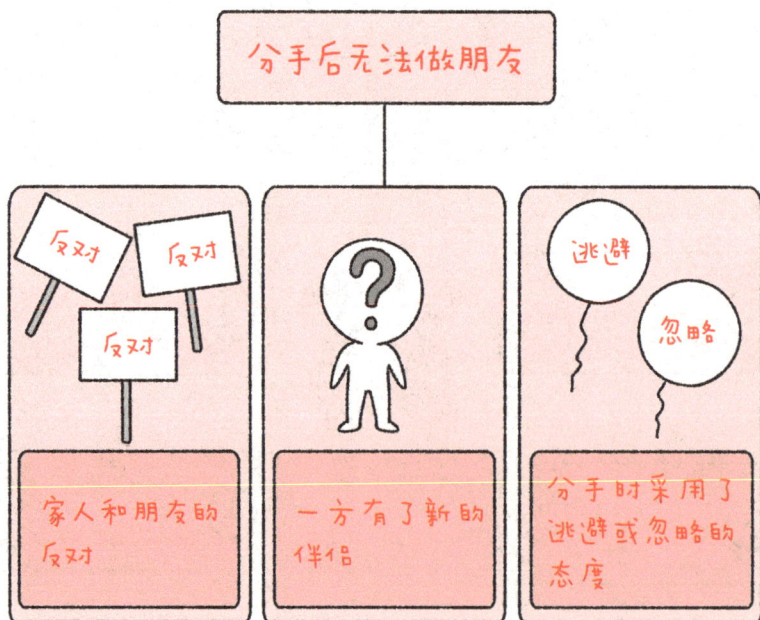

分手后无法做朋友

反对　反对　反对

？

逃避　忽略

家人和朋友的反对

一方有了新的伴侣

分手时采用了逃避或忽略的态度

经营，不要光是想着他……""这种人竟然还想和你做朋友"等，那么这出独角戏你就会很难继续演下去，他们的态度会促使你去寻找新的亲密关系。

第二，一方有了新的伴侣。当一方有了新的伴侣后，感情上的匮乏状态被另一个人改变，因此需要耗费更多时间经营当下的关系而非追溯从前。同时新的伴侣很可能会对对方提出让其与前任划清界限的要求，这在一定程度上也减少了彼此继续做朋友的可能性。

第三，分手时采用了逃避或忽略的态度。忽略逃避不但有损关系、让彼此相互讨厌，还可能让双方连朋友都当不成。被动的攻击或回避战术只会降低彼此的依赖，让对方不再爱你或是开始觉得其他人比较好。研究发现，很少有其他的冲突处理方式，可以和逃避或忽略的方式匹敌。如此强烈地摧毁爱，并且让对方依附上别的对象，想不变成路人都难。

分手后能否做朋友，不在于"你"付出多少努力，而在于"你们"。也就是说，无论是什么关系，不可能是单方面付出100%的努力就可以挽回的。

END WORDS

结语

● 人际关系本来就是双向的，如果从一开始都是你单方面地想要变成朋友，那么只是因为你还没找到感情应放置的新对象，所以你才会用对方无法接受的方式，继续与对方保持联系。

如何度过分手冬眠期？

关于分手，有一首歌这样唱道："想念是会呼吸的痛，它活在我身上所有角落，哼你爱的歌会痛，看你的信会痛，连沉默也痛"。分手后大多数人都体会到那种说不清道不明的痛楚。两个人变成了一个人，热闹的世界好像和自己全然没有了关系。不能看以前一起看过的电影，不能吃以前一起吃过的饭菜，因为那些美好的回忆都在向自己诉说"你们已经分手了，他（她）已经不再是你的爱人了。"内心明明知道应该快点儿让自己走出这种令人沮丧的、烦闷的分手冬眠期，但具体应该怎么做却是一个让人迷茫的烦恼。

！从分手冬眠 到苏醒回春

早日走出分手的冬眠期，可以尝试以下3个方式。

第一，寻找合理的归因模式。

分手对我们来说是一个重大的负面事件，你的痛苦程度与分手的归因方式有直接关系。心理学家弗里茨·海德（Fritz Heider）在他的著作《人际关系心理学》一书中提出了归因理论，也就是教人们在日常生活中如何找出事件发生的原因。海德认为事件的起因无外乎有两种: 一种是内因，如内在的情绪、态度、性格、能力等；另一种是外因，如外界的压力、天气、情境等。

当人们将分手归结为内因（如自己的性格和长相等因素）时，就会产生强烈的自责和自卑感；当人们将分手归结为外因（如对方的因素）时，有可能就会对对方产生强烈的愤怒感。相比之下，将分手原因归结为另一种外因——关系的因素，如双方想法不同、彼此不适合等，会让彼此都舒服很多。这样的想法会极大地消除内疚感，对自我概念也没有太大的消极影响，分手后的第一感觉是松了一口气，而不会感到愤怒或沮丧。

第二，借助植物的疗愈力量。

合理的归因模式

内因

性格　外貌

归结为内因会产生强烈的自责和自卑感

外因

归结为外因可能会导致对对方产生强烈的愤怒感

我接触过很多失恋的女性，她们找我咨询时通常愁容满面，像极了一朵枯萎的花。她们看不见自己，只是将一连串的问题抛过来，很迫切地寻求答案。

"老师，你说我应该怎么办？"

"我跟他分手了真的好吗？"

"我应该怎么样才能不失眠？"

看着她们失落的表情，我会提议她们借助植物的疗愈作用来淡化分手的伤痛。建议她们试着将一朵花，放在自己每天都能看见的地方。即使她

植物疗愈

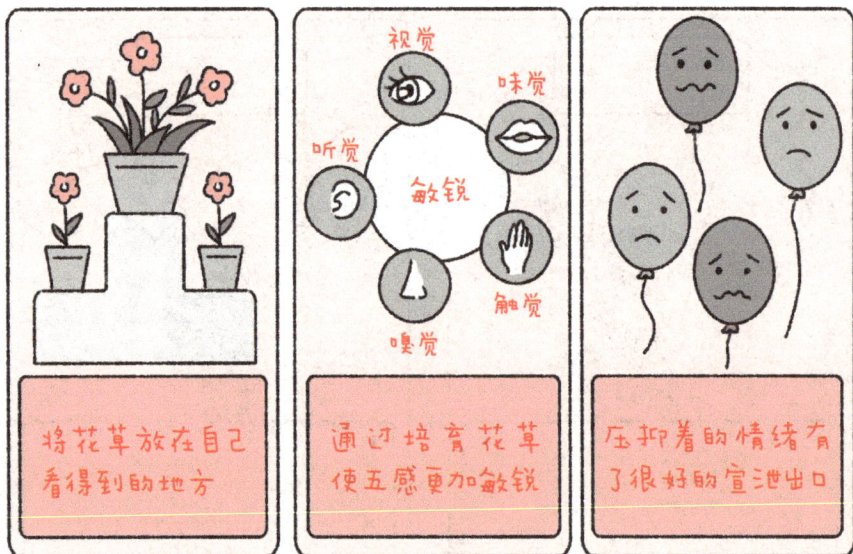

将花草放在自己看得到的地方

通过培育花草使五感更加敏锐

压抑着的情绪有了很好的宣泄出口

们觉得对这样的提议有些摸不着头脑，但还是愿意去尝试。她们有的买了绿菊，还精心配了精致的花瓶；有的刚好接手了同事的君子兰，每天其乐融融地给它施肥；有的买了玫瑰花，放在了洗漱台旁边。

在这个过程中，她们会很激动地拍照给我，或者向朋友分享植物的变化，同时也会更惊喜地发现自己的变化。

"我现在愿意化妆了，不为别的，就是想让自己开心。"

"我最近心情好像平静了很多。"

"我终于不再纠结于自己做的选择了。"

就这样，她们在不知不觉中得到了治愈。不敢说这些植物起到了决定性作用，但是有一点是已经得到证实了的：培育这些花花草草，可以使我们的五感更加敏锐，那些无处可去的、被压抑着的情绪也就有了很好的宣泄出口。

第三，丰富自己的生活，寻找更多的支持。

想要为负面情绪找到一个合理宣泄的出口，其实有很多生活资源可以利用，想一想有什么事情是自己一直想做，却找不到机会做的，现在做正当时，如换个发型、尝试不同风格的衣服、参加户外运动等。

同时，需要与更多的人建立联系，避免放任自己陷入自怨自艾的怪圈无法自拔。因为困扰我们的终究是关系，那么解决困扰的方式就是建立新的关系。人际心理支持系统能帮助我们更快地走出分手的困扰，加速心理创伤的恢复。

丰富自己的生活

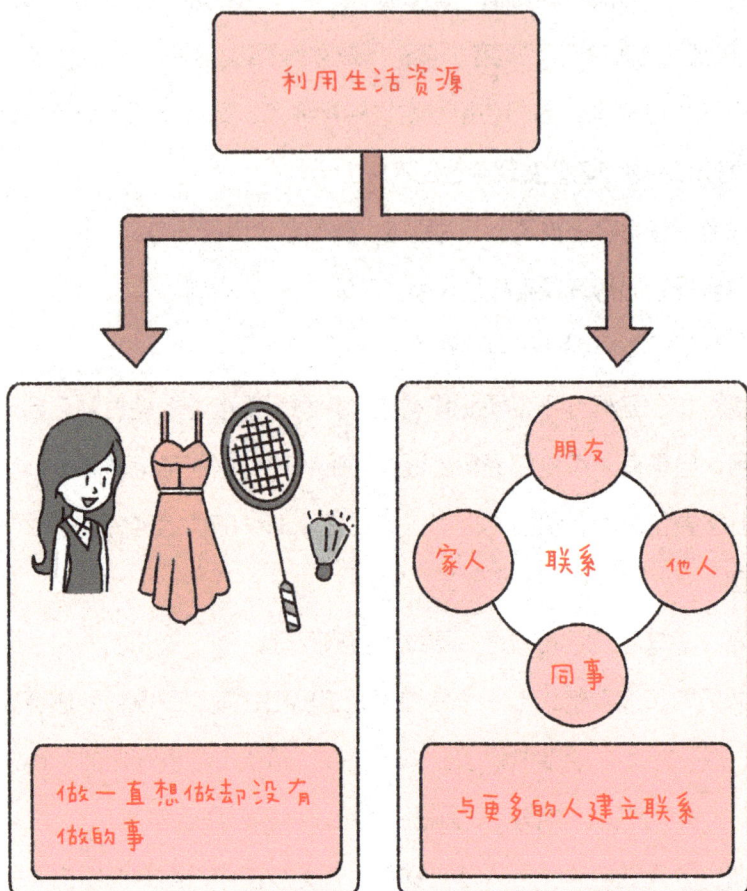

END WORDS

结语

● 分手并非是绝境，有时挥别错的才能和对的相逢。与其将分手看作一种伤害，不如将它当成是一个成长的契机。

爱情可以走回头路吗？

曾经有一个女孩第一次找我做心理咨询时，整个人的情绪是崩溃的。她告诉我："昨天我因为喝酒把什么都跟前任说了，一切都完了，我肯定追不回他了！"原来，男朋友以性格不合的原因分手后，女孩无法接受，总觉得不甘心最爱的人离自己而去。她想方设法四处求助如何挽回前男友，甚至专门从网上花钱买了一份《挽回前任手册》。按照手册上的招数一步步地按计划执行。先是减少和前任沟通的频率，再是故意在朋友圈晒出生活丰富多彩的内容，后来在前男友找她说话时表现得欲拒还迎。眼看着前男友那边态度有些松懈，好像重新被她吸引了，可是她昨晚喝了点儿酒，一激动把所有的招数全盘托出，看着对方毅然离去的背影，女孩觉得天都快塌下来了。

！失恋后的马赫带现象

作为一个旁观者，可能有人会觉得女孩的行为有点儿失去了理智。不管是网络上还是现实中，都有众多所谓帮你挽回前任的方法。先不管那些方法到底可不可行，但至少可以证明，像那个姑娘一样分手后放不下对方，想尽方法挽回前任的人绝对不在少数。那为什么会这样呢？

当人们失恋时，会出现一种马赫带现象。马赫带现象是一种明度对比的视觉现象，它是指人们在明暗变化的边界，常常在亮区看到一条更亮的光带，而在暗区看到一条更暗的线条。马赫带现象是由于神经网络对视觉信息进行加工的结果。同样，当人们量化爱情时，会不自觉地对爱情信息进行主观上的加工。恋爱时，在有对比的情况下，优点可能会被无限放大。失恋时，人们倾向于将现在没有恋人的情况和有恋人的情况相比较，对方的优点就会因此被无限放大，忽略了缺点，从而产生一种"我失去了一个全世界最好的人"的错觉，从而推动自己去挽回对方。

恋爱时的情况与失恋后的马赫带现象

恋爱时

优点　优点

恋爱时，对方的优点可能会被无限放大

失恋后

优点

失恋后，对方的优点也会被无限放大

与其挽回爱情
不如接纳自己

前任是否有必要挽回？爱情到底有没有回头路？我们需要从以下几个方面权衡。

第一，当初分手是一时冲动还是长期矛盾爆发的结果？如果是一次吵架导致的分手，首先要分析一下原因，看其有没有触及自己或对方感情的底线，然后看这个矛盾是否能调和。

如果矛盾不能调和，例如，你们因为一方想先立业再结婚，而另一方想先结婚再立业而分手，这种观念上的差异导致的分手则很难挽回，以后还是会爆发出来；如果可以调和，例如，因为某一次对方回家晚了，你生气争吵，那么就要看你能不能接受调和这个矛盾所付出的代价。

挽回爱情要权衡的3个方面

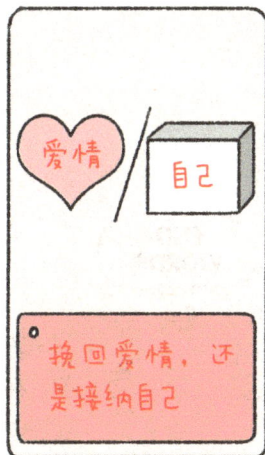

分手是一时冲动还是长期矛盾爆发的结果

因为爱对方，还是因为不甘心

挽回爱情，还是接纳自己

　　第二，你想挽回对方是因为太爱对方，还是因为不甘心？我们拼尽全力去挽回对方往往并非因为我们如自己想象般那么爱对方，而是因为自己没有做好分手的准备。以前的矛盾彼此都心知肚明，在一起不分开早已经不是爱对方，而是需要对方。那么，你做了很多爱对方、关心对方的举动，其实都是为了以此来换回对方的爱。这也是社会交换理论中所讲的：人类的一切行为都受到某种能够带来奖励和报酬的交换活动的支配。可是想一想，你兜了好大一个圈子，拼命地挽回，拼命地对对方好，只是希望对方对你好一些、更爱你一些。而当我们将希望寄托在其他人身上时，必然有失望的可能性，那么还不如尽自己所能给自己更多的爱，起码这是我们自己可以控制的。

　　第三，你应该挽回爱情，还是接纳自己？要么挽回爱情，过上现实的生活，勇敢面对你们之间的矛盾，努力完成整合；要么接纳自己，即使无法挽回爱情，却能过上充实的生活。就像前面说的那个女孩子，一年后，她告诉我，以前离不开前男友是因为觉得自己需要找一个"父亲型"的爱人来保护自己，现在她愿意进行各种尝试，因为她觉得自己已经有足够的能量去面对不同的可能性。

END WORDS

结语

● 每个人都像是一座海岛，爱情是连接我们和另一座海岛的桥梁。在连接前，记得先问问自己连接的必要性。在连接中断的过程中，也记得问问自己是否确实想抵达那座岛。

第 **6** 章

收获爱情，
幸福共生

情侣之间互相斗嘴能使爱情更长久?

生活中经常会遇到这样的情侣,他们一起打游戏时,一方骂着另一方"笨蛋,你反应怎么那么慢",同时又忍不住苦口婆心教对方;两个人将对方丑到极限的照片做成表情包,一言不合就"互黑"。看着吵吵闹闹,感情却并没有因此受到暴击,而是产生小火花后继续细水长流。斗嘴为什么会出现这样神奇的化学反应呢?

！吵吵闹闹的 爱情

生活中,爱情有很多种类,有羡煞旁人的甜蜜爱情,也有激情、感性的狂野爱情,还有吵吵闹闹互相斗嘴的爱情。之所以爱情中会有这种斗嘴,原因大概有以下两点。

第一,斗嘴是信任和亲密的表现。

在恋爱或婚姻中,两个人都会希望拥有安全的亲密关系,这样的关系让我们感受到一个稳定的空间。在这个空间中,我们会感受到自己是被对方接纳的,并且在对方心中是非常重要的。当安全感得到满足时,防御自然会降低,外在表现就会在对方的面前更加放松与自然。因为内心知道自己不管是好还是坏，是美还是丑，是严肃还是诙谐，对方都是接纳的。所以，爱人之间出现斗嘴，恰恰说明在一定程度上，两人的相处模式是一种安全的、亲密关系的表现。

第二，斗嘴可以让彼此更了解对方。

斗嘴的过程，更像是一种奇妙的探险，两个人一起不知不觉获得了对方更多有趣的点。

斗嘴其实是关系双方因为矛盾产生的一种小争吵、小冲突。彼此开始争吵其实是使关系有了更进一步的可能。生活中的不少情侣，他们的状态是这样的：当一个人火冒三丈时，另一个虽然心里也会很委屈，但是不会去争

吵吵闹闹的爱情

斗嘴是信任和亲密的表现

斗嘴可以让彼此更了解对方

辩，而是口头上敷衍着说："我错了。"这种敷衍了事，只求快点儿翻篇的做法并不能真的缓解矛盾，如果日益积累，反而会助长情侣间冷暴力的滋生，使关系日益恶化。相反，斗嘴、争论这种看似吵吵闹闹的方式，却体现了积极解决问题的态度。

❗ 小吵怡情，大吵伤身

当然，斗嘴必须掌握一些分寸才能怡情，且无伤大雅。

首先，不要触碰对方的敏感点和在意点。比如，你的女朋友很在意自己的身材，并且一度因为微胖而自卑，如果你调侃她的体重，很可能会加深

小吵怡情，大吵伤身

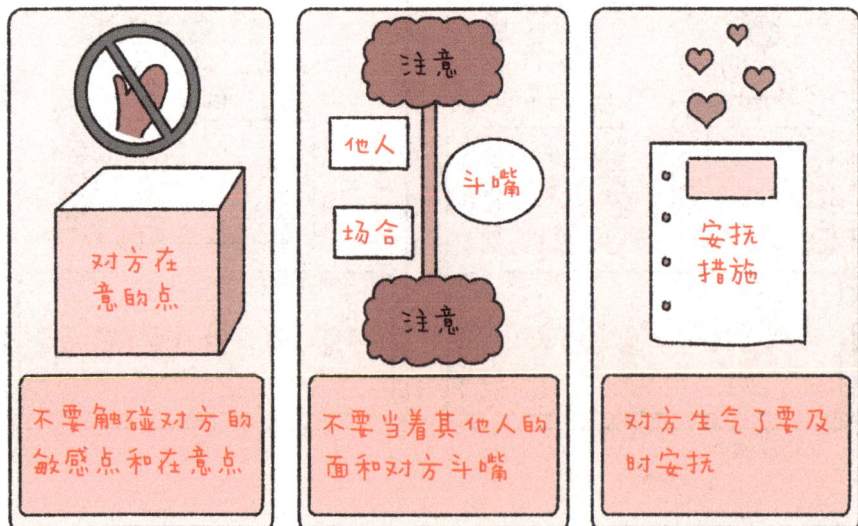

她的自卑，甚至感觉不被尊重；或者，你的男朋友最近工作不顺，你开玩笑说："为什么你不是别人家的老公？"他可能会觉得你是在否定他这个人。相处时间久了，不难发现对方的敏感点和在意点，只要我们稍加留意，就能在斗嘴时不至于让对方生气。

其次，尽可能不要当着其他人的面和伴侣斗嘴。当有其他人在场时，有可能出现这样的情况：我们在意外界对自己的评价而表现拘谨，伴侣开的一些玩笑虽然在伴侣之间无所谓，可是有其他人在场时，伴侣双方就会非常在意面子，自然斗嘴的结果也会变得尴尬。曾经有位女士带着老公一起和几个朋友吃饭，当着大家的面就说老公的一些事情，只见老公的脸色越来越难看，回家后闹矛盾好几天才作罢。因此，和伴侣斗嘴要注意场合，不要让双方都下不了台。

最后，如果和伴侣斗嘴生气了怎么办呢？生气的一方应明确告诉对方："你这样说，我很不舒服。"让对方了解你的这种不适感；另一方需要给自己敲一个警钟，了解这个"点"是对方不能接受的，那么在下次就应该及时停止谈论，或者一开始就不再触碰到这个点。再亲密的关系都需要用心经营，用心经营就包含知道哪些事情可以做，哪些不可以做。

END WORDS

结语

● 在爱情中，如果你爱对方，充分了解对方，那么在有些时候，互相斗嘴也不失为一种幽默、有趣的沟通方法。

异地恋如何更好地走下去？

峰峰和小河在一起3年了，因为工作原因一直是"周末情侣"。两个人在工作日没有办法见面，只有周末才可以在一起。他们的关系时好时坏，有时会因为两个人长期异地而倍感不安，有时也会因为分开一周，再见面时反而会情感升温，两个人一起度过一个美妙的周末。

！异地恋的好与坏

很难定义什么是美，但我们都知道"距离产生美"。比如，"小别胜新婚"；人们看风景，大多看远处比较美。在河边走，对岸的风景往往比这边的美，倒影比真的树木要美。

心理学有一个著名的唤醒理论。研究者对人的感觉、经验进行考察后发现，人对新奇的刺激的感觉，是随着刺激的重复次数和历时而变化的，刺激重复得越多，并且时间越长，感知表象的新奇性就会越低。而人在审美活动中获得的愉悦是由这两种"唤醒"引起的：一种是"渐进性"唤醒，即审美情感的紧张度是随着感知和接受的过程而逐步增加的，最后达到一定的程度而产生愉悦体验；另一种是所谓的"亢奋性"唤醒，就是情感受到突发的冲击，迅速上升到达顶点，然后在"唤醒"退潮时获得的一种解除紧张的落差式愉悦感。

异地恋的好处在于，每次重逢时会产生一种"亢奋性"唤醒：由于分离，刺激次数减少，对伴侣的好感在重逢时瞬间提升，情感也迅速达到了顶点。

然而，在分离的过程中，异地恋的弊端也是显而易见的：因为两个人总是保持一定的距离，很多事情都没有办法保持同步，从而增加了不安全感。这种不安会促使一些人不停地追问对方在哪里、在干什么，如果对方回复变慢，就容易产生怀疑：他（她）是不是不爱我了？是不是分开太久感情变淡了？这些怀疑都会进一步造成感情的破裂。那么要如何经营异地恋呢？

异地恋的好与坏

重逢时对伴侣的好感会瞬间提升，情感达到顶点

很多事情没办法保持同步，增加了不安全感

！每次相见都能 让我更爱你

如果有异地恋的情况，我们可以借助以下4点来保持亲密关系。

第一，熟悉彼此的日常作息，保持固定的时间联系。

了解对方什么时候忙碌、什么时候空闲，是非常有必要的，因为这样才能在合适的时间给对方发短信、打电话。两个人在空闲时通话，最好采用视频的形式，因为视频与语音相比能够更大限度地了解一个人的状态和表情，让两个人在心理上更加同步。

换了距离不换爱

交换

作息
①
②

作息
①
②

1. 熟悉彼此的日常作息，保持固定的时间联系

2. 一起做相似的事情

3. 减少猜疑，提升对感情的安全感

4. 建立共同的目标，保持积极态度

第二，一起做相似的事情。

相互推荐书、电视节目、电影、音乐及新闻等。两个人阅读同一本书、观看同一个节目、听同一首歌，两个人的共同话题会越来越多。这样，即使天各一方，也能一起创造属于两个人的独家回忆。

第三，减少猜疑，提升对感情的安全感。

因为长久无法相见，难免会担心对方会不会因为压力或身边的诱惑而改变心意，如果因此就没有任何根据地怀疑对方，那么无疑会将你们的感情推向绝境。猜疑和不信任向来是关系的最大敌人。你不必做了什么事、见了什么人都告知对方，但是在平日里可以通过真挚的关心来提升对方在关系中的安全感，让对方感觉到自己是被爱的，你们的关系是稳定的。

第四，建立共同的目标，保持积极态度。

没有哪对情侣会一直维持异地恋，这就需要双方达成共识：我们这种状态需要持续多久？未来的规划是怎样的？当两个人有了共同的目标，现阶段的异地恋会被看成一个过渡阶段，而非看不到尽头，态度自然也会变得积极，毕竟等待的过程不会那么舒服，甚至还会很寂寞，不如一起想一想美好的未来。两个人为了共同的目标而奋斗，即使不在同一个地方，也有同一个梦想。

END WORDS

结语

● 长期分离，维持一段异地恋并不容易，不过遥远的距离也会让彼此更加珍惜点点滴滴相处的小事，做一些力所能及的努力，最终才会守得云开见月明。

03 如何确定对方是自己的未来伴侣？

网络上，一份《中国式相亲价目表》炒得沸沸扬扬。在这张价目表上，未婚男女按住房、月薪、户口、学历的不同被区分为不同等级。有车有房、海外留学或985高校硕士等，被认为是这个"婚姻市场"中最具竞争力的筹码。这张价目表引起了大众的热议和诟病，很多人表明，找终身伴侣就像逛了一圈市场，明码标价，只需要挑肥拣瘦。而这种将婚姻明码标价的方式是否妥当？我们如何才能更好地确定谁才是那个可以和自己走入婚姻殿堂的人呢？

！确定伴侣时的全面认识

一、"门当户对"很重要

当说到这4个字时不少人会跳出来反对，会觉得很老派、很反感，以为浪漫的感情不应该考虑这一点，两个人一见钟情，火花四溅就够了。而婚姻中的门当户对，是指从价值观念到经济观念，双方和谐且接近一致。社会交换理论中最重要的一个原则便是"平均原则"。在现实生活中，使人最满意的社会交往关系往往是公平关系，每个人都不希望被别人剥削，总是希望关系中的人都能得到均等利益。

平均原则

爱由激情主导，热恋期的人的眼睛里全是对方，总觉得两个人是绝配，每天在一起玩得开心，聊得愉快，幸福得好像一直在冒着七彩泡泡。随着生活回归日常，婚姻中每天的决定都由理性主导，爱的挑战就开始了，分歧也会慢慢显现。

举个例子，有一对情侣，男方出身贫寒，但是很有上进心，靠自己的努力找到了一份还不错的工作，女方从小在大城市长大，家境优越。最初，女方觉得男方有上进心就好，但是结婚后发现生活的细节打败了爱情。他们会因为请不请保姆、叫不叫外卖而吵起来，经常因为价值观和经济观念的不同发生口角。而这些都和早期的成长经验、接受的价值观与经济观念有关。

在我们的生活中，"门当户对"也在起作用。你的朋友圈里面，有些人慢慢变得少联系、不联系，大多是因为双方的生活方式、价值观和经济收入等差异过大，玩不到一块儿了。因此，在爱情中，也要有门当户对的意识。

二、做真实的自己，不刻意迎合改变

世界上没有完全相同的两片树叶，也没有完全相同的两个人。**恋爱中会因为差异产生火花自然也会产生分歧。我们可以为了维持关系尽可能地减少分歧，但是绝不等于每一次都要委曲求全。**

做真实的自己与为自己负责

真实的自己

情绪　决定

做真实的自己，不刻意迎合改变

懂得为自己的情绪和决定负责

有一对情侣，男生经常指责女生哪里做得不够好，女生其实是一个暴脾气，但是每次都按捺住性子，嘴上说着"我错了，对不起"，她以为这样就可以让对方满意，可是实际结果呢？男生告诉她："我受够了你这种受气的样子，好像我欺负你一样。"女生的迎合并没有换来想要的和谐和安宁，反而陷入一种僵局。反观有一些情侣，他们在恋人面前表现真实的自己，生气时也能及时沟通，吵架过后反而能让关系更进一步，因为真实的样子让彼此更加靠近，也因此了解到对方的底线在哪里，从而更加尊重对方。

三、懂得为自己的情绪和决定负责

一个学会为自己的情绪和决定负责的人，遇见谁都是美好的。因为他（她）有清晰的自我认知和自我界限，能在不同的生活情景下，始终如一地坚持自己，遇到困境也能及时调整自己，让自己回归内心，并与自己和谐相处，从自己身上寻找答案；反之，如果一个人遇到事情的第一反应是"都怪你"，不分情况地责怪他人，缺乏自我觉察的能力，那会对对方造成负担。

END WORDS

结语

● 和爱情不同的是，婚姻是一种更为持久、更为稳定，并且具有仪式化的关系。慎重地考虑，再加上自身的稳定，是找到合适的人生伴侣的前提条件。

恋爱了什么时候适合结婚?

有一个姑娘,21岁时和认识了3天的男生闪婚,一个月之后就选择了离婚。她形容自己"当初是被爱情冲昏了头脑,后来发现对方并不是自己理想中的那个人。"这样闪婚闪离的情况在当下这个"快餐社会"日益增多,甚至在热恋期不顾家人反对偷偷拿户口本去登记结婚的情况也屡见不鲜。

❗ 婚前的感情走向与婚后圆满的可能性

关于恋爱、结婚的可能性,美国的研究者对168对新婚夫妇做过一项跟踪研究:研究者分开采访了丈夫和妻子,先让他们回忆自己谈恋爱时发生的印象深刻的事,然后让他们回忆、描述他们的结婚可能性是如何逐渐演变的。研究者根据每一对夫妻的回答,计算了他们的恋情进展速度。

研究者将他们恋爱的整个过程按照时间平均分成了4段,结果发现,恋爱的前一半时间里,恋爱双方对感情走向判断的分歧程度,与结婚后的离婚风险并不相关。可是,在恋爱的后一半时间里,恋爱双方对感情走向的判断越分歧,结婚后越可能离婚。**由此可见,合适的恋爱时间、恰当的了解程度,对未来的婚姻状态有着直接的影响。**

婚后圆满的可能性

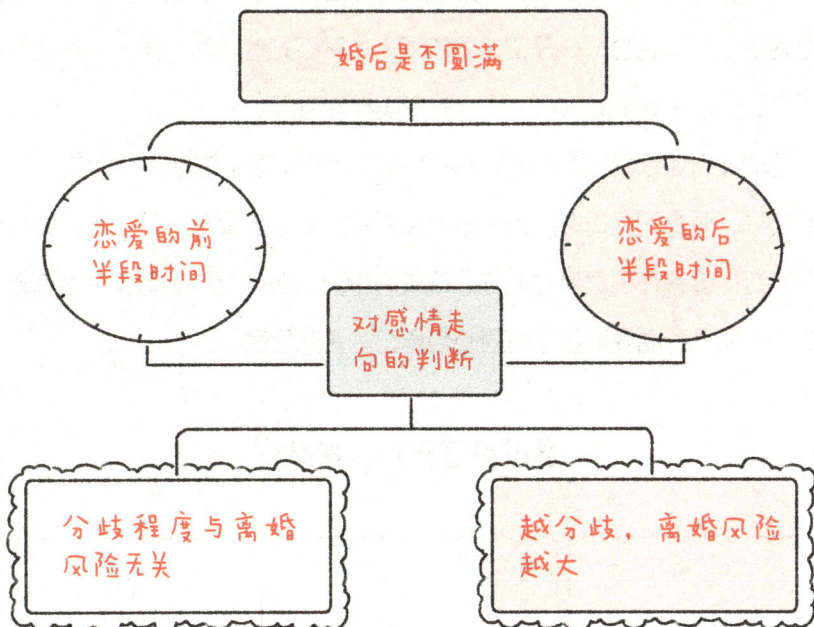

婚后是否圆满

恋爱的前半段时间

恋爱的后半段时间

对感情走向的判断

分歧程度与离婚风险无关

越分歧，离婚风险越大

！走入婚姻，你真的准备好了吗？

　　恋爱多久适合结婚并没有一个定论，但是可以通过以下问题，判断两个人现在是否适合走入婚姻的殿堂。

　　第一，你们是否已经度过了激情的热恋期。因为在激情状态下，人很容易出现一种意识狭窄的情况，即意识的焦点集中在某处而对其他情况视而不见。此时，你以为是王子和公主的爱情故事，结婚后才发现爱情终究抵不过柴米油盐。所以在热恋阶段是万万不能一时冲动而结婚的，而要经过这个阶段，在新的"晋级阶段"，看清情况。

　　第二，充分了解对方的原生家庭并考虑自己的接纳程度。有一句老话，"恋爱是两个人的事情，结婚是两个家庭的事情"。虽然我们很想理直气壮地说："和我过一辈子的是我的爱人，又不是他（她）爸妈。"可是不得不承认，原生家庭对我们每个人的影响根深蒂固。

　　因此，了解对方的原生家庭意义重大，具体可以观察一下对方家庭的互动模式，对方和父母之间的关系是怎样的，对方的父母之间的关系又是怎样的。这些都会在日后渗透到你们的关系中。同时应记得，这些并没有对与错之分，只是帮助我们更了解对方与自己的合适程度。

准备好了再走入婚姻

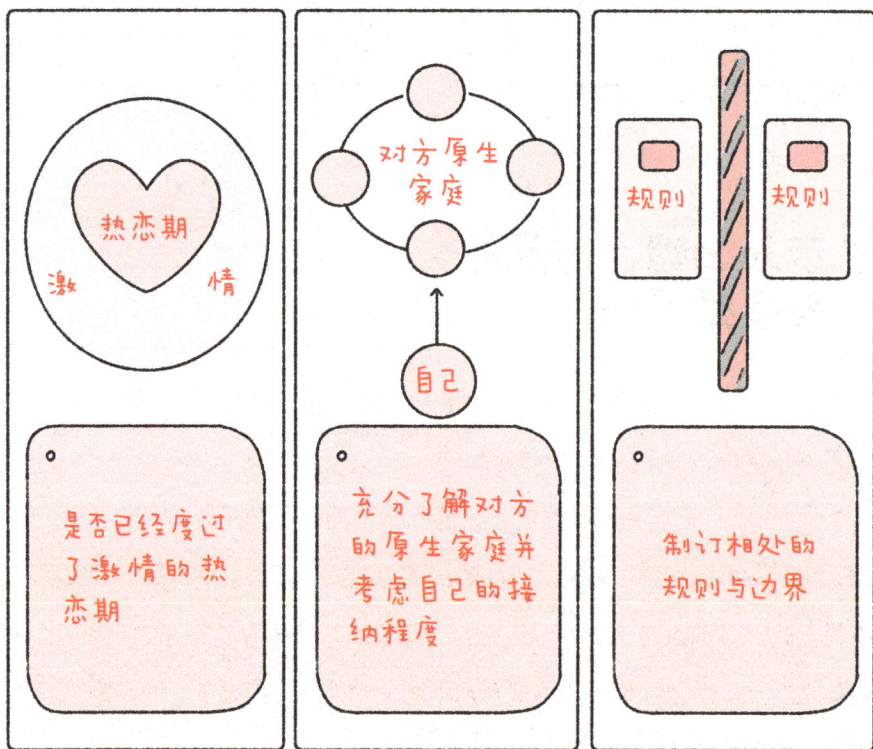

热恋期

激 情

对方原生家庭

自己

规则　规则

是否已经度过了激情的热恋期

充分了解对方的原生家庭并考虑自己的接纳程度

制订相处的规则与边界

第三，制订相处的规则与边界。边界不清是情侣之间普遍存在问题，以至于争吵不断。例如，你不让我看你的手机肯定是有别人了，你越来越舍不得给我花钱了，等等。事先明确一个合理的界限其实是一个共同成长的前提条件，如果一开始就将另一方当作依赖或附属品，只会让两个人都退步，失去原有的能力。相处的规则主要体现在你们需要有一定的契约。比如，约定重大事件一起做决定而非一方置之不理一方自己拿主意；每周有固定的时间分享和讨论生活与工作的问题，形成良性沟通模式；吵架后，当双方归于冷静时需要明确解决问题的方式，而不是采用回避和抗拒的态度加深矛盾；允许双方有自己的空间和圈子。这些契约在恋爱的过程中慢慢形成，不断通过实践来强化，会进一步保证了你们之间稳定的恋爱关系。

END WORDS

结语

● 为了不在婚后没多久就陷入喋喋不休的争吵和离婚的危机，应在结婚前认真考虑，自己是不是已经做好了结婚的准备。结婚是两个人的事，更是关于你自己的事。

05 如何与恋人建立愉悦的沟通机制？

你和你的爱人在沟通过程中是不是有很多令人抓狂的情形：你说工作不顺心，对方给你分析你在工作中犯的错误让你更加难过；你向对方抱怨朋友，对方却一脸懵懂地看着你，不知道你为啥一边抱怨，还一边和朋友走这么近；你说你们的感情困扰，对方却从来不正面回应，只是顾左右而言他……

不善沟通轻则会引起误会，重则会发生争吵，甚至葬送一段感情。下面，我们就谈一谈如何与爱人建立愉快的沟通机制，使感情走得更远、更长久。

！建立愉悦的沟通机制的误区

有一次咨询，有个女孩告诉我，她向男朋友抱怨自己的生活和工作，虽然男朋友给了她反馈，但没有起多大的作用。男朋友自以为很懂沟通地给了以下5种回应。

1. 没什么大不了的，谁没点儿难过的事儿，别搞得一副就你最委屈的样子。

2. 你要坚强，我相信你可以撑过去，一切都会好起来的。

3. 会不会是父母表达的意思和你认为的并不一样？

4. 事情真有那么糟吗？我们要不要一起看一下积极的部分？

5. 我理解你的痛苦，慢慢来，会有希望的。

这5种答复在大多数人看来，在一定程度上能够安慰女孩，然而遗憾的是，这5种回答都没有让这个女孩满意。

这5种应答方式是错的吗？恰恰相反，其实这些回答都很正确。它们的背后有含义：别担心，我可以教你；你的那些看法可能有些极端了；事情没有你想象得那么糟……

但是，当我们将自己放到上位时，通常是"向下看"的，认为对方的那些痛苦远远没有那么严重，口头上说"我理解你的感受"，实际上大部分情况是不理解的。那么，怎样沟通才是更合适、更愉悦的呢？

与恋人建立愉悦的沟通机制的秘籍

能够促进恋人愉悦沟通的秘籍有以下三招。

一、承认自己的不理解，不要好为人师

那一次咨询我没有用什么特别的方式安慰她，只是当她短暂停下来，将目光投向我时，我脱口而出："这么多事情都发生在你身上，这么不容易，不知道你是怎么撑下来的？"没有任何技巧，只是问对方当下真实的想法。

但似乎点燃了一个导火索，对方听到这句话先是愣了一下，然后眼泪不停地掉了下来。我从来不觉得心理咨询师让来访者流眼泪，是多么值得骄傲的事情，但那一刻我能感受到那个女孩深深地松了一口气。

每个人的想法自己最清楚，我们没有资格站在一边指点他人的人

建立愉悦沟通机制有三招

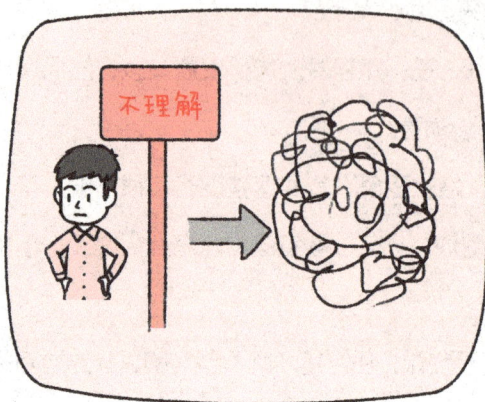

第一招
承认自己的
不理解，不
要好为人师

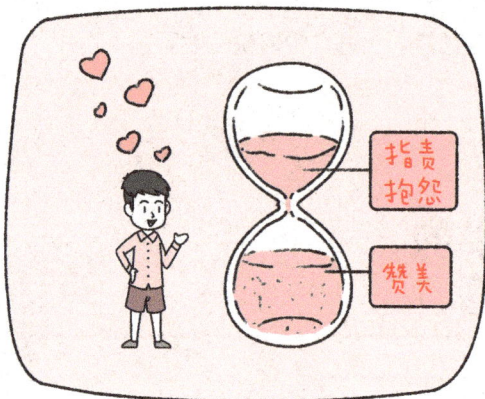

第二招
减少指责和
抱怨，增加
赞美

第三招
说到就要尽
可能地做到

生。当面对无法理解的情况时，我们只能坦诚地告诉对方"我不知道"。这是我们对他人的尊重，会让对方最大限度地愿意向我们倾诉。

二、减少指责和抱怨，增加赞美

赞美的言辞再多都不嫌多。可是随着相处的时间越来越长，赞美却常常会减少，抱怨和指责反而越来越多。你在否定对方的同时，其实也是在否定自己的选择。不论你怎么看对方不顺眼，都要记住这是你自己选的人。当对方有一件事情没有做对时，你劈天盖地就是一顿指责，这样的行为只会使你们的感情出现裂痕。

因此，提出反馈意见时尽量委婉一些，并且多一些积极的反馈和鼓励。你可以夸一夸对方今天的衣服很好看，也可以夸夸对方给你的拥抱很温暖，还可以夸夸对方游戏打得不错，或者孝敬父母。你的鼓励和称赞是让对方自信面对每一天的能量，更是增进感情的润滑剂。

三、说到就要尽可能地做到

你的伴侣需要知道你是值得信任的。所以只做你能做到的保证，不要说一些自己都不相信的话，更不要发誓说一些漫无边际的大话。**恋人相互之间建立信任和忠诚，维护爱情，其基础就是让你爱的人或爱你的人能相信你所说的和你所做的。**

! END WORDS

结语

● 沟通的3大秘籍：不要好为人师，应增加赞美、减少指责，言而有信。掌握这3点，可以使你和伴侣的关系更加和谐，你学会了吗？

使夫妻间感情变淡的习惯有哪些?

周末的早上，因为工作性质，小敏的老公要继续上班。小敏知道老公这天的工作其实并不忙，想着让他调休，享受一下二人时光。但是老公拒绝了，说："你又没什么具体的安排，我还是上班去吧。" 小敏有点儿不开心了："为什么你宁可去公司没事做，也不肯陪陪我？" 老公不耐烦了，甩过来一句："因为你太黏人了。" 最后，老公还是上班去了，留下小敏一个人在那里怅然若失。

本来是约定互相守候一辈子的人，但随着时间的推移，发现和对方说的话却越来越少。在婚姻中，我们渴望亲密，但是却有一些行为和习惯在无意中破坏了关系，使感情变得越来越淡，到底是哪些习惯使夫妻间的感情变淡了呢？

！使夫妻间感情变淡的那些习惯

一、不停地追问

夫妻双方在沟通中经常会出现这样的场景：一方很想了解一方的情况和动态，另一方却只是简单地回应。你问对方和谁应酬去了，是不是很累，对方只是简单地说："还好。"你不满意这样的回答，继续追问："和你的领导吗？还是同事？我认不认识啊？"开始或许对方还会给你讲一些具体情况，可是当对方发现这些回答无法让你停下来反而换来了更多问题时，对方会开始变得有些不耐烦，甚至觉得你是在审问他（她），于是干脆不再作答。

喋喋不休地追问，穷追猛打，是使夫妻间感情变淡的重要因素。同一件事情，每个人看待的标准不同，感受到的情绪不同，就会产生不同的选择。一方想要让另一方看到自己的需要，并且期待对方满足自己的需要，而另一方也不愿意妥协，那么因为这件事情，矛盾就产生了。处理和表达不当往往就会发展成两人之间的矛盾。

二、负面解释对方的表达

负面解释就是指将对方的表达解读为带有恶意或攻击性的话语，这种解读会使两人的关系变淡。比如，你在工作中受了委屈，回家后看见妻子冲着你笑，你的反应是：她在嘲笑我；你买了新衣服拿回家，丈夫一脸严肃地说"又买新衣服了"，你的解读是：他又在怪我乱花钱；当你听到另一方向你讲述某件事情需要改进时，你想的是：他又在指责我。这些行为都是在负面解释对方的表达。很有可能对方只是礼貌地微笑，或者随口一问，又或者真心想帮助你，但是如果你的认知将这些表达归结为有恶意，就会加深彼此的矛盾。

三、批评和抨击

有些抱怨是正常、健康的行为，如"你说好的6点回家，为什么现在才回来呢？饭菜都凉了。"这种是恰到好处的表达，没有什么不妥。有些表达则是"你怎么现在才回来，每次说话都不算话，我再也不相信你了。"这种就是上升到人格的批评和抨击，用犀利的语言来指责对方脆弱的部分，不仅会让另一半产生很不舒服的感觉，甚至产生自我否定，进而对你们的感情产生质疑。

使夫妻间感情变淡的习惯

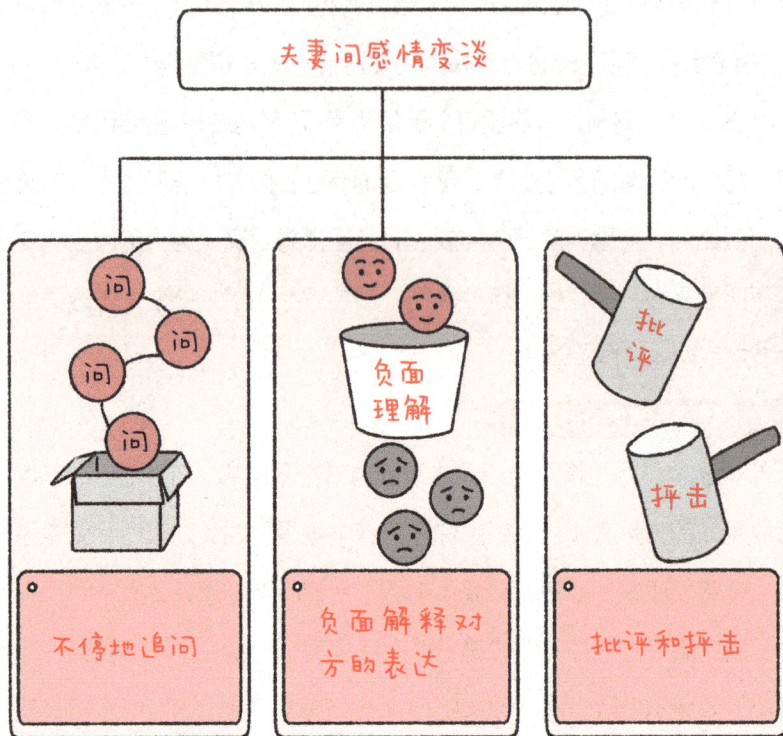

夫妻间感情变淡

不停地追问

负面解释对方的表达

批评和抨击

！减少那些使感情变淡的习惯

如何减少婚姻中这些影响亲密关系的行为呢？

首先，自我检查。检查你是否存在这些习惯。可以仔细回想一下你和伴侣发生矛盾的情景是否符合以上几点，如果有，思考一下：当时你为什么会有那样的表达？最想要获得的对方的回应是什么？为什么对方没有给你想要的回应？通过这样的情景再现，发现被你忽略的部分，探寻更多的可能性。

减少使夫妻间感情变淡的习惯的方法

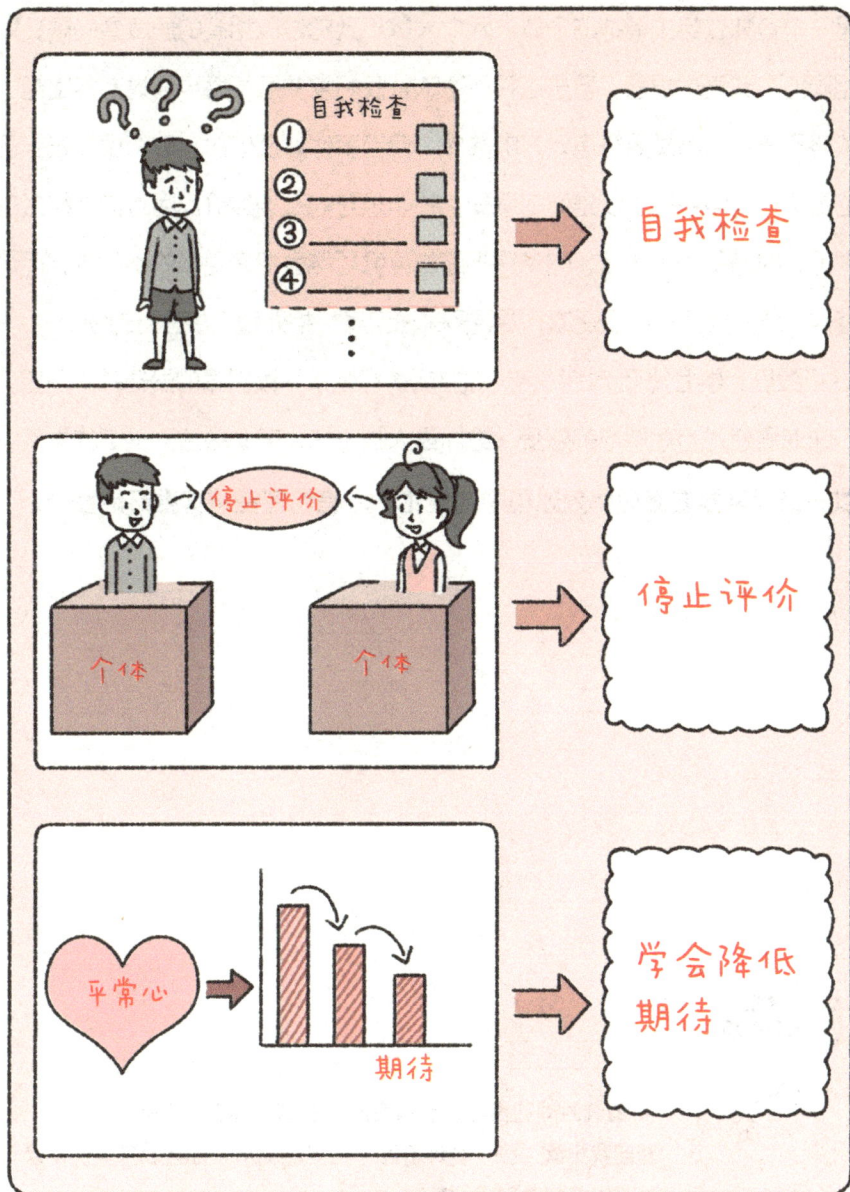

自我检查

停止评价

学会降低期待

其次，停止评价。当我们一直在评价伴侣的行为时，会产生一种不满，这种不满会直接影响相处过程中你对另一方的看法。我们需要认识到，伴侣是一个有独立自主精神的个体。两个人做不到总是以相同的角度看问题，以相同的方式表达爱意。但是这并不意味着我们需要忍气吞声看对方的脸色，敢怒不敢言。虽然要尊重对方的选择，但当事件涉及你时，你有权发表自己的看法，而中心词应该是你的感受，并非是对对方的评价。因为你觉得好的评价，对方不一定认可，你觉得不好的评价可能会招来更多的不和谐，而这些也并非一句话可以改变的，要更多关注自身，相处起来才会更加轻松。

最后，学会降低你的期待。独立成长和维系一段舒适的爱情并不矛盾，一味地渴望对方理解你的感受，给你最大的支持，势必会感到一定的失落。

以一颗平常心去面对相处过程中的变化，才有希望使感情更好地发展。

END WORDS

结语

● 随着时间的推移，感情会褪去激情的外衣而变得平淡。多一些自我觉察，少一些评价和不恰当的期待，你会收获一份平淡而不失默契与舒适的感情。

夫妻之间生气了要不要爆发?

冲突无处不在，夫妻之间也难免会有因为意见不合而发生争吵的情况。小到去哪家餐厅吃饭，大到孩子的教育问题，都会成为吵架的导火索。吵架时，有的人会说个没完，有些人则会生闷气，有苦不肯说，有冤不肯言，努力控制自己的愤怒。

小张和婷婷是一对夫妻。两个人这天发生了强烈的争执。小张心情不好，想一个人安静地待一会儿，但是婷婷执意追问他："你为什么不说话? 为什么不愿意跟我分享? 为什么不能好好沟通? "一连串的追问让小张无不感受到自己的边界被侵犯。本来他只是心情不好不想说话，自己安静独处一段时间就可以恢复了，但是婷婷的追问让他有了激烈的爆发："你能不能让我安静一会儿，每天喋喋不休真的让我压力很大! 我简直受够你了! "然后两个人便爆发了激烈的争吵。

❗ 愤怒的原因与意义

愤怒的原因通常和边界有关。设置边界通常需要有一种智慧，在确保自己不会"掉进坑里"的同时，还能够继续留在友善和内心平和的道路上。在和他人相处的过程中，我们经常因为彼此关系亲密而放弃"边界"，因为这样在我们看来，"有衣同穿，有食同享"的状态更能加深彼此的亲密感，彼此可以互相融合，共享亲密。但是，时间一久，没有边界的亲密便会被打破，在完全互相分享的生活里，我们总需要那么一块地方让自己喘口气，不被打扰，不想被入侵。

在日常生活中，愤怒的一个重要的意义就在于，它提示我们：我们的需求没有被满足。

有的人会因为自我实现的需要得不到满足而愤怒。例如，有着"望子成龙，望女成凤"心愿的父母会要求孩子按照他们的意愿去生活；有着强迫心理的上司会对下属异常苛刻；有的伴侣总是渴望改变另一半或控制另一半，而在这些环境下生活的人，就会因为从来没有办法获得自己喜欢的生活，而

愤怒的原因与意义

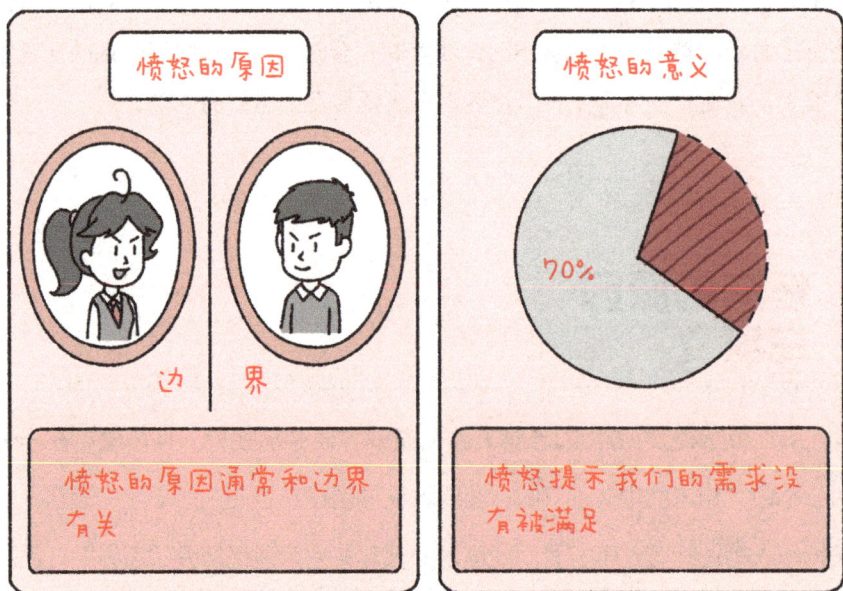

愤怒的原因

愤怒的意义

边 界

70%

愤怒的原因通常和边界有关

愤怒提示我们的需求没有被满足

形成一种压抑的状态，压抑久了就会爆发，就会形成愤怒。

因此，愤怒是一种自我觉察，这种觉察其实是改变的第一步。如果一味地压抑和控制，只会丧失自我觉察与自我满足的能力，并且日趋压抑。

如何面对和伴侣争吵时的愤怒

第一，当愤怒来临时，先体验你的愤怒，觉察愤怒背后没有被满足的需求。

愤怒背后通常包含了多种情绪：委屈、不安、伤心、难过等，而这些情绪在那一时刻被包裹成愤怒的模样，你冲着伴侣大吼大叫："你怎么不多关心关心我。"其实内心更多的是对方没有足够关心你的委屈；你发脾气质问对方："为什么天天出去应酬这么晚回家？"其实是在表达你缺乏陪伴的不安；你歇斯底里地喊着"干脆分手算了"，其实是为没有获得高质量的感情而难过。觉察到这些情绪后，消除愤怒，你会轻松一些。

第二，表达愤怒背后真实的情绪，而非情绪化地表达。

你识别这些没有被满足的情绪后，在双方都相对冷静时开始一场沟通吧。告诉对方你内心愤怒的真正原因，试着让对方理解你。**重点在于表达自己的感受，而非指责对方。表达你真实的情绪，而非情绪化地表达。**这会给对方一个相对不那么压抑的氛围，也能让你更加冷静，从而提高有效沟通的概率。

第三，身体与心灵的同步放松。除了双方的沟通，我们还需要通过感受自身来学会情绪管理。可以通过瑜伽、深呼吸等方式感受自己的情绪，使自己的身体放松，从而对我们的愤怒有更多的觉察和理解。你会发现，身体是诚实的，当你试着深呼吸和放松时，愤怒带来的肌肉紧绷的状态会慢慢削减。

如何面对和伴侣争吵时的愤怒

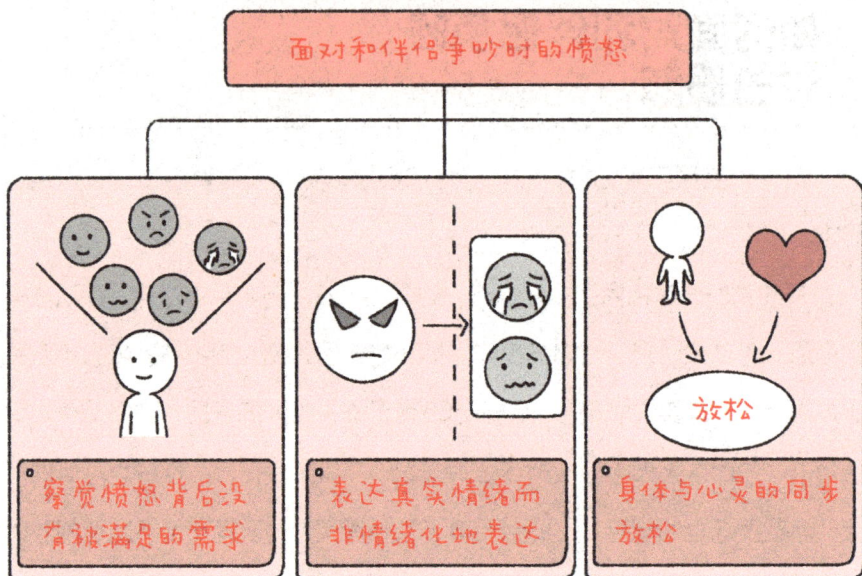

END WORDS

结语

● 夫妻争吵会引发强烈的愤怒情绪，合理地看待愤怒背后的原因，然后去直接面对和表达，你会发现，愤怒有时也会有积极的作用，甚至可以改善你们彼此的感情。

第 **7** 章

奇怪的爱情，
复杂的爱情

爱情中你是哪种依恋模式？

依恋（Attachment）是指儿童与主要养育者发展出的一种特殊的、积极的情感纽带，也是指个体寻求并企图与另一个体在身体和情感上保持亲密联系的倾向。心理学有一个著名的"陌生情景实验"，研究者先安排母亲和婴儿在一个完全陌生的环境中，然后让婴儿分别经历母亲离开、陌生人进入、与母亲相聚等情境，观察婴儿在与母亲分离和相聚，以及面对陌生人的过程中的表现，从而对婴儿的依恋类型进行判断，最终划分出了以下3种依恋类型。

！儿童时期依恋类型

安全型依恋

主要表现为婴儿与母亲在一起时，将母亲作为"安全基地"，以母亲为中心主动去探索环境，当母亲离开时，明显表现出苦恼、不安。

回避型依恋

主要表现为婴儿与母亲刚分离时并不难过，但独自在陌生环境中待一段时间后会感到焦虑。容易与陌生人相处，容易适应陌生的环境，分离后再见到母亲时，对母亲采取回避态度。

焦虑矛盾型依恋

　　主要表现为每当母亲要离开前就显得很警惕，当母亲离开时表现得非常苦恼、极度反抗。但当母亲回来时，其对母亲的态度又是矛盾的，既寻求与母亲接触，同时又反抗与母亲接触。

儿童时期的依恋模式

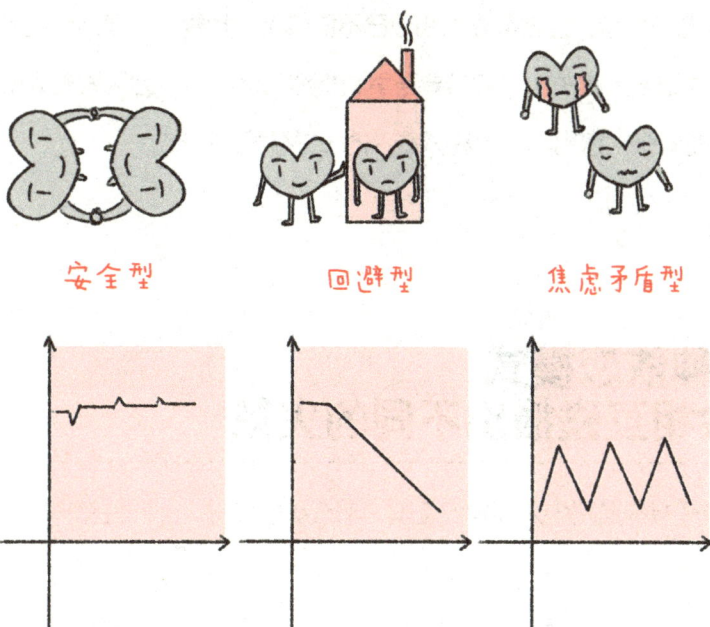

安全型　　　　回避型　　　　焦虑矛盾型

！成年后与恋人的互动

　　以上3种儿童和母亲的依恋模式会直接影响成年后和恋人的互动模式。

　　安全型：可以包容恋人的小脾气，自己能够合理地控制和表达情绪，在爱情中具有充足的安全感，自如把握距离，不会为亲密关系而过度焦虑，也不会采取回避的态度。

回避型：对爱人给他（她）的热情、关心毫无感觉，总喜欢待在自己的世界里玩游戏、工作；显示出不理不睬的样子；习惯避免冲突，不希望惹起纷争，不管爱人对他（她）如何，他（她）都顺从或敷衍，不轻易表达自己的内心感受；一直隐忍到忍无可忍而爆发。

焦虑矛盾型：会觉得爱人和自己不够亲近、相爱，不停地用指责、抱怨的态度索取爱人的关心，追着要答案；情绪起伏严重，会因为爱人的一举一动而变得紧张，容易陷入自我怀疑，内心觉得极其不安。

！3种依恋模式
会相互碰撞出不同的火花

最理想的是两个人都是安全型，那么恭喜你们，你们会有一段美妙的情感体验。

当安全型依恋和另外两种类型相互组合时，需要权衡两种力量的大小，如果回避型或焦虑矛盾型的一方力量过大，可能导致安全型的一方也变得不安。

当焦虑矛盾型遇见回避型时，就会出现令人抓狂的一种现象：一方不停地追问"你爱不爱我？""你为什么这样对我？"，另一方开启防御模式，任你怎么问，对方都是简单回应，甚至不回应。回避者过度的自尊，导致焦虑者的自我怀疑，一方每靠近一点儿，另一方又拉开距离。

！如何面对不安全的 依恋模式呢?

　　首先，要了解不安全依恋模式的成因——早期缺乏安全感。成人出现大量或持续的情绪不协调时，儿童便无法整合其核心情感状态，心理冲突就会发展，在成年后与他人相处的过程中，就会重演一些创伤性体验，导致亲密关系受损。

　　其次，看到这些童年恐惧中积极、正面的一部分。我们内在隐藏的控制者通常会在无意间让我们感受到缺失、矛盾或创伤，但是它们也包含着友

如何面对不安全的依恋模式

要了解不安全依恋
模式的成因

看到积极的部分

善和具有帮助性的部分。比如，当焦虑的你不停追问回避的伴侣"你爱不爱我？"时，我们会发现这是儿时的一种被抛弃感在作祟，但是儿时的这个经历同样让你变得更加独立，你可以更快速地处理类似一系列的问题，这就是那些友善的、具有帮助性的部分。

最后，主动和你的爱人谈论你发现的这些问题。很多人惊喜地发现，**当和爱人正面谈论这些问题而不是通过指责、抨击、抱怨来索取关爱时，另一半也会表现出平静、柔和的一面，对方的爱意会自然而然地向你舒展，你们也实现了进一步的互动。**

END WORDS

结语
● 儿童和成人的依恋关系会直接影响我们成年后亲密关系中的依恋模式，但是，我们找到内部那些让我们不安的因素后，它们也会变成我们内部的动力，推动着我们进入新的环境，接受新的、更好的关系。

见面次数越多
越容易陷入爱情?

爱情偶像剧经常有这样的套路：男女主角偶然相识，然后就会经常在不同的场合邂逅，每次要么斗嘴要么保持礼貌的微笑，一次次偶遇后开始产生好感，最终走到一起。我们谈恋爱时经常听见父母念叨一句话："你们有空就多接触，提升感情。"为什么见面次数越多，越容易陷入爱情呢？

！单纯曝光效应

20世纪60年代，有心理学研究者做过一个有趣的实验。研究者让一群人看某学校的毕业纪念册，并且确定了被测试者不认识毕业纪念册里出现的任何一个人。纪念册里有的人的照片出现了十几次，甚至二十几次，而有的人的照片则只出现了一两次。然后，让看照片的人评价他们对照片中的人的喜爱程度。结果发现，纪念册里照片出现次数越多的人，被喜欢的程度也就越高，看的次数增加了喜欢的程度。这个现象被称为"单纯曝光效应"，也就是说，如果某个人或某件事物不断在自己的眼前出现，那么自己就有可能喜欢这个人或这件事物。

看到这里你可能会想：如果我每天都出现在他（她）面前，对方不久就会爱上我了。然而事实并非如此，利用单纯曝光效应是有技巧的。

单纯曝光效应

见面次数

好感度

！单纯曝光效应的运用

第一，了解对方的喜好，建立良好的第一印象。比如，你喜欢的女生爱喝咖啡，那么你就千万不要去茶楼等她；你暗恋的男生爱去健身房，那么你就不要每天都宅在家里打游戏。了解对方的喜好，去对方爱去的地方，先建立第一印象，让对方觉得经常会看见你，并且你们爱好相似。这是爱情中的首因效应：当人们第一次与某个人或某件事物接触时会留下深刻印象。第一印象的作用很强，持续的时间很久。在爱情的过程中，两人初次相遇，无论是相亲也好，邂逅也罢，第一印象关乎全局，决定着两个人是否还会有下一次见面的机会，甚至决定着是否会有"将来"。

第二，适当互动，保持有分寸的距离感。你确定已经给对方一个不错的第一印象，觉得对方不讨厌你，比如见到你总会礼貌地微笑后，你就可以适当地和对方互动一下了。这里的"适当"，是指切忌一下子就奔上去滔滔

单纯曝光效应的运用

你好！

建立良好的
第一印象

适当互动

放弃还是
继续？

？

理性判断对方
的反应

不绝表明"我非常喜欢你，我能不能和你在一起"，一般人都会被这种浓烈的爱意吓跑。

而有效的互动，只需要选择一些安全的话题，寻找一种共鸣。一定要自己把控，不要因为对方抛了一个橄榄枝，一直礼貌地回应，你就说起来没完。留下一些未完待续的话题，才能够让你们下次谈话顺利开始。

第三，理性判断对方的反应，及时调整自己的心态。通过单纯曝光效应会提升对方对你产生好感的概率，但是并不意味着两个人就一定可以走到一起。我们需要回归理智。就像玩纸牌游戏，我们会根据手中现有的牌和未知的牌来决定如何下注，这不仅考验一个人的判断力，还考验一个人的心理素质，这就是心理学中的"梭哈定律"。爱情中也是如此，爱情就像一场游戏，有人欢喜也有人愁，有已知的一些东西，也有未知的一些东西，在底牌未掀开前，我们都不知道自己的命运到底如何。在恋爱的过程中，不能因为一点儿事情就患得患失，让自己笼罩在低气压下。一旦底牌掀开，知道了对方没有与你谈恋爱的想法后，就趁早放弃，是一种及时止损的选择。

END
WORDS

结语

● 不管是爱情还是婚姻，我们都可以适当提升自己在另一半面前的曝光率，增加好感程度，同时要记得，一定要适当、适度，否则会过犹不及，两败俱伤。

越是得不到的爱情越想得到?

陈奕迅在歌曲《红玫瑰》中唱道："得不到的永远在骚动，被偏爱的都有恃无恐"，这句歌词唱出了很多男女的爱情。

小雨和老公磕磕绊绊很多年之后终于修成正果。以前虽然老公话不多，但是两个人每个周末一起去爬山、看电影、旅行，倒也不怎么在意这些。可是有了宝宝后，小雨内心的空缺越来越大，因为平时白天小雨要带孩子，老公上班，接触的时间少，老公回家后也是以沉默为主，周末的时间又被孩子占满了，根本没有以前的二人世界。小雨觉得自己很辛苦，希望老公可以多陪陪自己、多安慰自己，甚至有时会情绪失控，开始对老公不停地控诉："我做了这么多，你就不能多关心关心我吗？每天回来后都没几句话，你到底把我当什么？"可惜的是，小雨失控时老公从来都是一声不吭去其他房间，没有说过一句她想要的安慰，而小雨也从来没放弃过这种索取。

！爱的投射性认同

小雨的这种强迫性重复的行为就像是我们开关灯。试想，回到家后你摁下开关发现灯不亮了，你的反应是什么？你可能会打电话问物业是否停电了，也可能去检查电闸，唯一不可能的是你不停地重复摁那个开关。小雨现在就是不停地重复摁那个开关，摁了成百上千次，灯还是不亮，她却依然不肯放弃。

越得不到的越想要，源于一种投射性认同，是指在亲密关系中我们看不到对方真实的存在，只关注对方是否如自己所愿，是否按照自己渴望的方式对待自己。

小雨将拒绝投射给了老公，在她发出求安慰的信号前，她在潜意识中就已经根据以往的经验认定这一次她依然不会得到正面反馈，自然看到的全是老公的拒绝，即使老公有着细微的变化，她也没有办法顾及。如何改变这种投射性认同，不再陷入"越得不到越想要"的怪圈呢？

爱的投射性认同

自己的意愿

❗ 走出投射性认同的怪圈

首先，觉察你真正想说的话。

当我们感到不满意时，很容易用指责、抱怨或反问的形式表达："你为什么不关心我？""你这个人就是没有人情味儿！"这些表达会让对方愤怒，而我们自己的情绪也不会得到合理释放。在表达前，先给自己几秒钟，想一想：脱下指责和抱怨的外衣，我想表达的到底是什么？我到底在索取什么？

走出投射性认同的怪圈

觉察你真正想说的话

识别是什么阻碍了你说出想说的话

"你应该"

"我希望"

将"你应该"变成"我希望"

其次，识别是什么阻碍了你说出想说的话。

看一下，你到底在担心什么？担心真实的表达会让对方抛弃你？会加剧矛盾？会造成更多的误会和不理解？还是觉得说了也没用干脆不说？认真审视这些担心，你会发现，这些担心远没有你想象中的那么恐怖，如果将真实的想法表达出来，结果也不一定比现在的状态更糟。在大多数情况下，我们恐惧的只是恐惧本身这种感受，如果不付诸实践会加大这种恐惧。而当你告诉对方"我担心说一些自己的想法会破坏我们之间的关系"时，你可能惊讶地发现，对方的接纳程度远超出了你的想象和预期。

最后，将"你应该"变成"我希望"。

索取时我们的指向经常是"你应该"：你应该多关心我，你应该早点儿回家，你应该跟我说一说你真实的想法。这些"你应该"的背后都是你的意愿和控制，而非对方想怎样。试着将"你应该"变成"我希望"：我希望你能早点儿放下手机陪我聊天，我希望你能收拾一下房间，我希望你早点儿回家。**当说到"我希望"时，我们只是表达一种建议，这种建议给了对方一个选择的空间，也给了我们自己更多承受拒绝的空间。**双方都有了更多的自主选择权后，气氛会变得轻松、自如，结果也会变得更好。

END WORDS

结语

● 希望你能看见自己身上的投射性认同。投射性认同让你更加倾向于看到自己想看的一面，而忽视了那些不一样的可能性。当你了解了这种投射性认同并且允许自己看到其他部分时，就会发生真正的变化。

为什么在感情中我总觉得自己不够好？

萍萍是大众眼中一个很不错的女生，有着得体的谈吐、优越的家庭背景、优秀的学历背景和不错的工作，用朋友们的话就是"和她在一起相处非常舒适"。她交了一个男朋友，在一次激烈争吵中，男朋友歇斯底里地表现出了对她的不满："你有什么值得骄傲的，也不照照镜子看看自己的样子。"那次争吵给萍萍造成了很大的影响，于是她开始尝试改变造型让男朋友高兴。带着"我不够好"的信念，萍萍努力做了很多事情讨好男朋友：学着做男朋友喜欢吃的菜，在男朋友生日前一个月就开始精心准备礼物，明明自己非常困还坚持陪男朋友聊天，男朋友无意说了一句"喜欢瘦一点儿的女孩子"，她就开始疯狂减肥……

然而事情远没有结束，不久后男朋友又开始抱怨："你的性格能不能别这么温吞，和白开水有什么两样。"萍萍觉得男朋友看上的是自己优渥的背景条件和自己在他面前表现出来的乖巧的样子，并非喜欢真正的自己。有时男朋友表达对她的喜欢，萍萍脑子里第一反应是"我真有你说得那么好吗？"

❗创伤后应激障碍的自我怀疑

心理学上有一个词叫"创伤后应激障碍"即Post Traumatic Stress Disorder，简称PTSD，指人在遭遇或对抗重大压力后，其心理状态产生失调的一种后遗症，如生命遭到威胁、受到严重的物理性伤害、身体或心灵上受到胁迫。很明显，在萍萍和男朋友的关系上，那次争吵给她造成了创伤，以至于以后承认自己足够好对她来说成了一件很难的事。当别人表现出称赞和欣赏时，她感受到的焦虑和惶恐远远大于喜悦与兴奋，因为内心深处有一个声音提醒自己：他说的不是真正的我，等他认识真正的我时，肯定就不会那么说了。

创伤后应激障碍

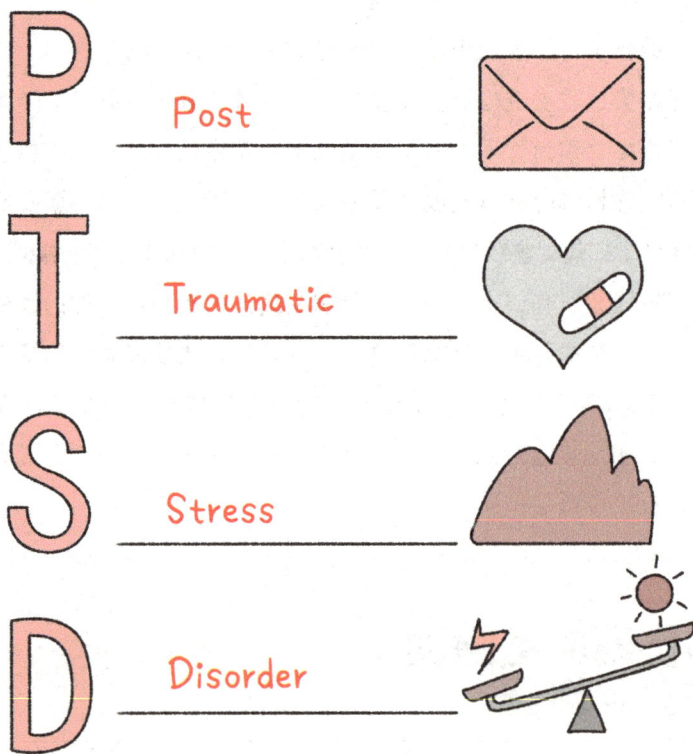

P —— Post

T —— Traumatic

S —— Stress

D —— Disorder

！如何改变PTSD带来的 "我不够好" 的信念呢？

第一，提升自我信念，接纳以前的创伤。

每个人在成长过程中多少会有一些创伤性的体验，比如，要面对不懂得表达爱的爸爸和焦虑甚至绝望的妈妈，谈了一场痛彻心扉的恋爱，经历了很久的失业……

如果没有及时地处理好那些创伤，那么这些糟糕的经历，有时会通过潜意识，内化为自我认同的一部分，然后它会在我们的思想中持续发酵、兴风作浪，让我们将大部分的能量都浪费在自我怀疑上。先试着找到这些

改变 "我不够好" 的信念

修复创伤　　　　自我对话　　　　接受赞美

创伤，告诉自己：这些不是我的错，也不是他们的错，而是在一段时间内的特定产物。

第二，练习自我对话，找寻真正的自己。

当发现那些创伤性事件时，尝试着问自己几个问题：真的是我做得不够好才导致了那样的后果吗？我是更喜欢他（她）要的活泼的自己还是温和的自己？我是更喜欢一个人独处还是两个人相处？

通过这一系列的问题可以帮助你拼凑出自我的全貌，让你更清晰地认识自己，明确自己的倾向，内心完成自我统一，从而减少对自己的攻击，提升对自己的接纳程度。

第三，尝试以平等和客观的视角来面对亲密关系。

当你面对他人赞美时，先不着急否认和拒绝，尝试接受其中你觉得还比较符合的部分，慢慢地扩大范围。这个过程其实是一个"自我喂养"的过程，让你努力摆脱以前的惯性。首先，将他人的赞美当作纯粹的赞美；随后，在否定中寻找合理的部分，摒弃不合理的部分；进而，自我逐渐完善和丰满，蜕变也就发生了：你将用批判的眼光看待他人的评价，同时对待自己和他人会更加包容。

END WORDS

结语

● 创伤后应激障碍会让我们产生深深的自我怀疑，同时也给了我们新的可能性。因为我们明确当初让我们陷入自我怀疑的事情后，就有了重新解读并且重构的可能性，然后就是破茧成蝶拼凑出一个新的自己的过程。

05 为什么会有
恋爱恐惧症？

　　一个姑娘这样描述她的恋爱恐惧："我对恋爱抱有很消极的态度，有人追求我时，我的第一反应是拒绝，害怕分离。上大学时，身边有一个追了我一段时间的朋友，我明确表示过不喜欢他，可有时又想可不可以试一下，但回过头来又在想，还是不要了吧，万一分手了怎么办？进入社会以后，也有一些追求者，无一例外，第一时间就都拒绝了。我害怕最终都会有悲伤的结局，我害怕被欺骗，我不敢让自己走出那一步。不谈恋爱我还可以告诉自己，会有更好的值得期待，可是如果真的谈恋爱了，一段时间过后对方发现我不是那种柔情蜜意的姑娘，跟我提出分手怎么办，我很害怕。"

　　除了这种害怕分离而不敢开始恋爱，恋爱恐惧还表现在很多方面，例如，对方想给你一个拥抱，你的第一反应是躲开；与对方约会，你会尴尬得不知所措……这样的表现和心态，不仅会影响感情，还会影响工作和生活的方方面面。

❗ 解析恋爱 恐惧症

造成恋爱恐惧症的原因主要有以下3点。

第一，因为担心受到伤害。

就像前面那个女孩讲述的，因为担心受到伤害干脆选择不开始一段感情，这样的回避看上去彻底扼杀了受伤害的可能性，其实是增加了自身的焦虑程度。渴望与他人建立亲密关系，却又担心他人不回应自己的感情付出，导致情绪上的焦虑和矛盾，慢慢就会倾向于回避社交和亲密关系，这种情况会让性格比较保守的人更难与人建立亲密关系。同时在这种焦虑的支配下，很容易误读他人的信息：他（她）对我肯定不是真心的吧，他（她）会不会瞧不起我！带着这些误读，自我评价也会降低。

第二，将亲密关系视为一种负担。

有一个电视剧里面的角色这样说过："要么比我能干，要么比我强壮，否则你凭什么征服我。"这也说明了当下很多单身人士的想法：一个人可以很好地享受生活，给予自己精神和经济上的满足，他们很好地享受着一

恋爱恐惧症的成因

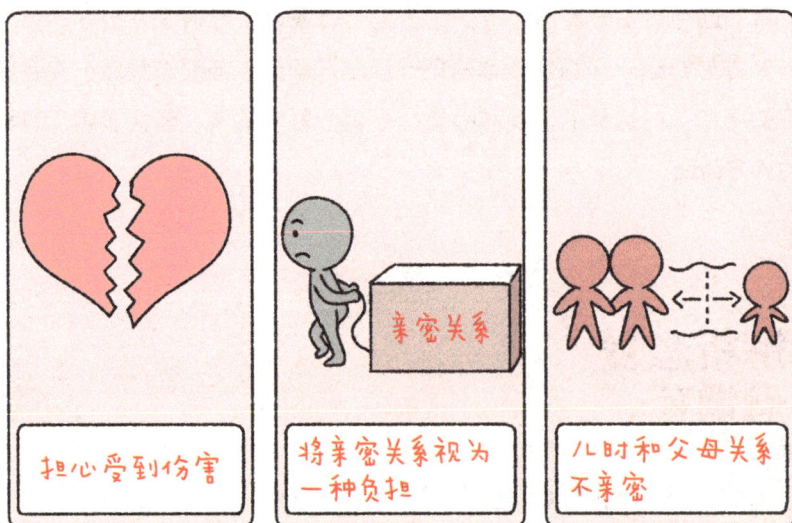

担心受到伤害

将亲密关系视为一种负担

儿时和父母关系不亲密

个人的状态，对"独立空间"有着强烈需求，爱情对他们来说反而成了一种负担。

第三，儿时和父母关系不亲密。

有的人在童年和父母之间没有形成安全的依恋模式，很少被父母拥抱和鼓励的孩子，成年后也不容易建立亲密关系。亲密隔离型的家庭，虽然彼此之间看起来充满关爱，却不知道如何让对方直接、真切地感受到。

！如何破解恋爱恐惧症？

首先，提升自我接纳程度，进行积极的自我暗示。

很多恋爱恐惧症，其实是自我评价过低导致恋爱中的不自信。两个人在恋爱过程中渐渐地疏远不联系，多数是双方的问题，可能是不够信任，可能是你想太多，可能是对方有了更合适的对象，还有可能是各种客观原因，然而如果将所有责任都归结为"自己"，那么这个压力未免有点太大了。

建议拿出一面镜子，认真欣赏自己的五官，试着找到自己欣赏的一个或几个部位，试着发现自己的美好。

至于性格，其实倒没有改的必要。你是A，自然可以吸引喜欢A的人群；可是你费尽心思去变成B，诚然会吸引到一部分喜欢B的人，可是反而会丢失原来的自己，更加得不偿失。

其次，多结交志趣相投的朋友。

有调查表明：情谊深厚的两个朋友，往往不是相同的而是互补的。比如，一个寡言的人和一个健谈的人（或一个冷峻的人与一个温暖的人）之所

破解恋爱恐惧症

提升自我接纳程度，进行积极的自我暗示

多结交志趣相投的朋友

练习亲密关系

以会变成好朋友，原因是双方会欣赏和认同自己所缺乏的那一面，双方进行互补。所以，找到和自己互补或志趣相投的朋友，让他们来温暖你的心，减少你的防御。

最后，练习亲密关系。

先试着从改善与父母的关系开始，可以给父亲捶捶背，和母亲手挽手一起去逛街。这些和他人一定的肢体接触会增加亲密度。同样，和喜欢的人在一起时，可以通过漫不经心的触碰来增加感情的火花，减少防御心理。

END WORDS

结语

● "亲密可以让我们逃避自我，也可以让我们面对自我。逃避时，亲密成为轮回；面对时，亲密成为心灵自由的踏板。"——《幸福心理学》

06 爱情中你为什么那么用力?

很多朋友曾向我诉说他们在爱情中的态度:

"我们一起约会,我会提前安排和计划好整个行程,尽可能希望他开心。"

"我们一起去看一场辩论赛,要学会那些辩手的辩论技巧,提升沟通能力。"

"今天我们一起吃饭,我会想着一定要记住他爱吃什么不爱吃什么,以后学会给他做。"

"我看了两篇公众号的爱情心理学文章,我要从中找一些内容,发现自己的不足,然后去改正。"

"今天我和女朋友聊天,我要总结一下自己有哪些收获,不然呆坐一下午太奢侈了。"

然而,抱着这些想法去经营爱情,结果却是无尽的挫败感和不停地对自己指责:

"我已经尽力安排了,结果他觉得时间安排太紧张,一点儿都不满意!"

"我好像真的学不会辩论技巧,和他沟通时还是很紧张,一直在担心他会不会觉得我无聊。"

"我一直在想办法记他爱吃的菜,却忽视了吃饭时的沟通,一顿饭下来都没说几句话,感觉很遗憾。"

"各种公众号文章好像都有道理,对号入座后我更不知道怎样才算遇见好的爱情了。"

"和女朋友聊天时我一直在想着如何总结,结果对方感觉我心不在焉,可是我真的没有啊。"

！用力过度的爱情
让人沉迷

为什么越来越多的人执着于用力过度的爱情，甚至连自己休息娱乐的时间都不肯放过？

爱情中过于用力的人，对每一件小事都力求追逐"有用"的效果，提醒自己必须从这件事情中收获更为显性的成长和更为亲密的关系，结果却不尽如人意，甚至变成了觉得自己做得还不够好，自己很"无用"。

心理学中将这种现象称为"低自尊"。平常所说的自尊(Self-esteem)即自我肯定，自我感觉良好，并认可自我。而低自尊则是对自我的认可度偏低，低自尊的人常常认为自己很失败，当机会到来时，犹豫而不敢去尝试，

用力过度的爱情

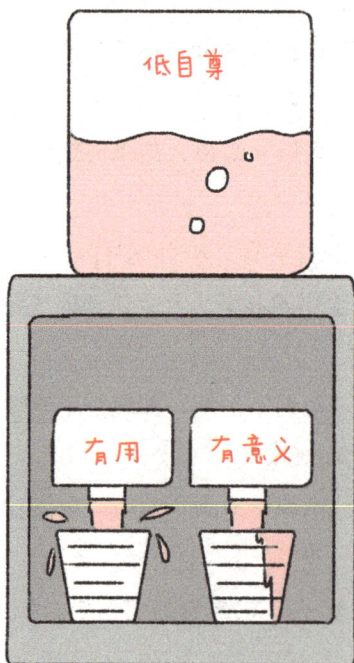

低自尊

有用　有意义

觉得成功或发生在自己身上的美好事物都是碰巧并且短暂的，甚至当美好的事物到来时，总会找出"但是"来提醒自己不要掉以轻心，时刻沉浸在自己熟悉的自责中。这种低自尊驱使他们不断地提醒自己：我做的一切都要"有用"，要有意义。

曾经听一个朋友这样说："这么多年我的工作、生活都很顺利，我的婚姻也很幸福，可是我脑海里一直有着一个这些美好生活某一天肯定都会消失，我必须做点儿什么来留住这一切的念头。"所以她在工作中努力维系和同事的关系，生活中一次次去求证伴侣对她的感情，参加各种兴趣班提升自己。然而做了这一切事情却并没有让她更轻松，反而让她在变得更加忙碌的生活中喘不过气来。

！走出用力过度
的爱情

如何提高我们的自尊水平，获取轻松的爱情呢？

首先，觉察对自己的负面想法。可能是认为自己交际能力比较差，也可能是认为自己浪费的时间太多，还可能是对自己当下的状态不满。将这些想法写下来，越具体越好，认真、客观地审视这些想法。

其次，试着寻找自己用力过度的实际证据。回忆你为何产生这样的想法，有没有具体的人或事件诱发。例如，或许是一次爱人不经意的抱怨让你不停地找证据证明对方对你是满意的；或许是某次你们一起外出时对方没有及时关注你，如此让你更渴望对方的关心；或许是因为陪伴时间过短，你才会不停地要求对方每天必须准时下班回家吃饭。然后寻求积极的记忆，以此

走出用力过度的爱情

察觉对自己的
负面想法

寻找自己用力过度
的实际证据

寻求适当的社会支持

来消除那些负面记忆，让自己在相处的过程中更加自然。

最后，寻求适当的社会支持。可以是你的家人、朋友，也可以是你爱的人，总之这个人让你感觉到可以进行足够安全的表达，并且不会对你指指点点、盲目建议，给自己的低自尊一个安全的空间。在这个过程中，发现自己的价值。

END WORDS

结语

● 总会有那么一天，你可以发现，即使不那么用力地争取爱情，你依然可以很好地散发光芒，站在你爱的人面前。